これまでの漢字学習《かんじがくしゅう》での「なぞり書《が》き」は、うすく書《か》かれた漢字《かんじ》を全画数《ぜんかくすう》なぞるものが一般的《いっぱんてき》でした。これは書《か》き始《はじ》めるときの抵抗感《ていこうかん》が少《すく》なく、丁寧《ていねい》さや集中力《しゅうちゅうりょく》も身《み》につく方法《ほうほう》ですが、写《うつ》すだけになってしまう子《こ》もいました。

そこで、「書《か》き順《じゅん》がわかる」「よくある間違《まちが》いがわかる」「字形《じけい》がわかる」、この三《みっ》つを意識《いしき》して、意図的《いとてき》にうすい字《じ》を一部《いちぶ》だけ残《のこ》した各漢字《かくかんじ》の「イチブなぞり」を開発《かいはつ》しました。くり返《かえ》すことで自然《しぜん》と頭《あたま》の中《なか》で字形《じけい》や書《か》き順《じゅん》を思《おも》い浮《う》かべられ、より効果《こうか》を実感《じっかん》していただけると思《おも》います。

困《こま》っているあなたに、ぜひ届《とど》いてほしいです。

「イチブなぞり」のプラス効果《こうか》

- よくある間違《まちが》いが意識《いしき》でき、書《か》き順《じゅん》が身《み》につく。
- 謎解《なぞと》き感覚《かんかく》で、記憶《きおく》が引《ひ》き出《だ》しやすくなる。
- 自然《しぜん》と字全体《じぜんたい》のバランスがとれ、美《うつく》しい字《じ》になる。

たしかめ問題《もんだい》とゲーム問題《もんだい》を収録《しゅうろく》

- 復習《ふくしゅう》でも同《おな》じように「イチブなぞり」を使《つか》うことで、記憶《きおく》に定着《ていちゃく》しやすくなる。
- ゲーム仕立《じた》ての問題《もんだい》で、漢字《かんじ》の力《ちから》を確《たし》かめられる。

(ここでは、書《か》き順《じゅん》や字形《じけい》よりも、楽《たの》しさ重視《じゅうし》で作成《さくせい》しています)

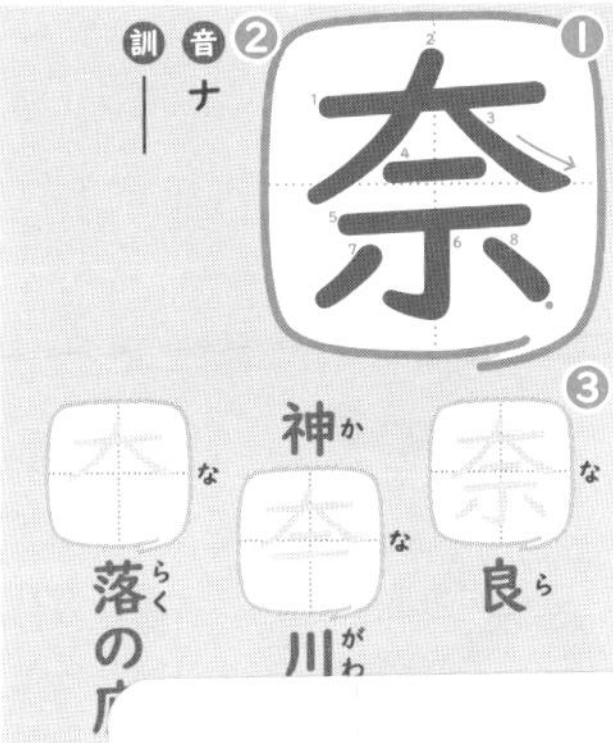

❶ 書《か》き順《じゅん》や書《か》き方《かた》がわかりやすい！
字形《じけい》がキレイになるように、記号《きごう》をつけています。

❷ 読《よ》み方《かた》が一目《ひとめ》でわかる！
カタカナ…音読《おんよ》み
ひらがな…訓読《くんよ》み
（- の後《あと》は、送《おく》りがな）
（ ）…中学以降《ちゅうがくいこう》で習《なら》う読《よ》み方《かた》
※…特別《とくべつ》な読《よ》み方《かた》

❸ 「ゼンブなぞり」と「イチブなぞり」
「ゼンブなぞり」で、字《じ》の形《かたち》をつかみ、その後《ご》、「イチブなぞり」で間違《まちが》いやすい書《か》き順《じゅん》を意識《いしき》できます。字形《じけい》も自然《しぜん》と意識《いしき》されて、キレイな字《じ》になりやすくなります。

1-①	愛・案・以・衣	
1-②	位・印・英・栄	
1-③	塩・億・加・果	
1-④	貨・課・芽・賀	
1-⑤	改・械・害・街	
1-⑥	読みのたしかめ	
1-⑦	書きのたしかめ①	
1-⑧	書きのたしかめ②	
1-⑨	書きのたしかめ③	
1-⑩	漢字みつけ！①	
2-①	各・覚・完・官	
2-②	管・関・観・願	
2-③	希・季・旗・器	
2-④	機・議・求・泣	
2-⑤	給・挙・漁・共	
2-⑥	読みのたしかめ	
2-⑦	書きのたしかめ①	
2-⑧	書きのたしかめ②	
2-⑨	書きのたしかめ③	
2-⑩	漢字めいろ①	
3-①	協・鏡・競・極	
3-②	訓・軍・郡・群	
3-③	径・景・芸・欠	
3-④	結・建・健・験	
3-⑤	固・功・好・候	
3-⑥	読みのたしかめ	
3-⑦	書きのたしかめ①	
3-⑧	書きのたしかめ②	
3-⑨	書きのたしかめ③	
3-⑩	正しい漢字みつけ！①	
4-①	康・差・菜・最	
4-②	材・昨・札・刷	
4-③	察・参・産・散	
4-④	残・氏・司・試	
4-⑤	児・治・辞・失	
4-⑥	読みのたしかめ	
4-⑦	書きのたしかめ①	
4-⑧	書きのたしかめ②	
4-⑨	書きのたしかめ③	
4-⑩	漢字みつけ！②	
5-①	借・種・周・祝	
5-②	順・初・松・笑	
5-③	唱・焼・照・城	
5-④	臣・信・成・省	
5-⑤	清・静・席・積	
5-⑥	読みのたしかめ	
5-⑦	書きのたしかめ①	
5-⑧	書きのたしかめ②	
5-⑨	書きのたしかめ③	
5-⑩	漢字めいろ②	
6-①	折・節・説・浅	
6-②	戦・選・然・争	
6-③	倉・巣・束・側	
6-④	続・卒・孫・帯	
6-⑤	隊・達・単・置	
6-⑥	読みのたしかめ	
6-⑦	書きのたしかめ①	
6-⑧	書きのたしかめ②	
6-⑨	書きのたしかめ③	
6-⑩	正しい漢字みつけ！②	
7-①	仲・兆・低・底	
7-②	的・典・伝・徒	
7-③	努・灯・働・特	
7-④	徳・熱・念・敗	
7-⑤	梅・博・飯・飛	
7-⑥	読みのたしかめ	
7-⑦	書きのたしかめ①	
7-⑧	書きのたしかめ②	
7-⑨	書きのたしかめ③	
7-⑩	漢字みつけ！③	
8-①	必・票・標・不	
8-②	夫・付・副・兵	
8-③	別・辺・変・便	
8-④	包・法・望・牧	
8-⑤	末・満・未・民	
8-⑥	読みのたしかめ	
8-⑦	書きのたしかめ①	
8-⑧	書きのたしかめ②	
8-⑨	書きのたしかめ③	
8-⑩	漢字めいろ③	
9-①	無・約・勇・要	
9-②	養・浴・利・陸	
9-③	良・料・量・輪	
9-④	類・令・冷・例	
9-⑤	連・老・労・録	
9-⑥	読みのたしかめ	
9-⑦	書きのたしかめ①	
9-⑧	書きのたしかめ②	
9-⑨	書きのたしかめ③	
9-⑩	正しい漢字みつけ！③	
10-①	府・富・栃・茨	
10-②	埼・奈・潟・梨	
10-③	岡・井・岐・阜・滋	
10-④	阪・香・媛・佐	
10-⑤	崎・熊・鹿・沖・縄	
10-⑥	読みのたしかめ	
10-⑦	書きのたしかめ①	
10-⑧	書きのたしかめ②	
10-⑨	書きのたしかめ③	
10-⑩	漢字みつけ！④	
1-①	4年で習う漢字①	
1-②	4年で習う漢字②	
1-③	4年で習う漢字③	
1-④	4年で習う漢字④	
2-①	4年で習う漢字⑤	
2-②	4年で習う漢字⑥	
2-③	4年で習う漢字⑦	
2-④	4年で習う漢字⑧	

漢字 1-①

愛・案・以・衣

□手本の漢字を指でなぞります。□には漢字を頭の中で思いうかべてから書きましょう。

愛

音 アイ
訓 ―

愛《あい》犬《けん》

親《しん》愛《あい》

愛《あい》読《どく》している本《ほん》。

以

音 イ
訓 ―

以《い》上《じょう》

以《い》外《がい》

十分《じっぷん》以《い》内《ない》で着《つ》く。

案

音 アン
訓 ―

案《あん》内《ない》

答《とう》案《あん》

名《めい》案《あん》がうかぶ。

衣

音 イ
訓 ―

衣《い》料《りょう》

衣《い》食《しょく》住《じゅう》

白《はく》衣《い》を着《き》る。

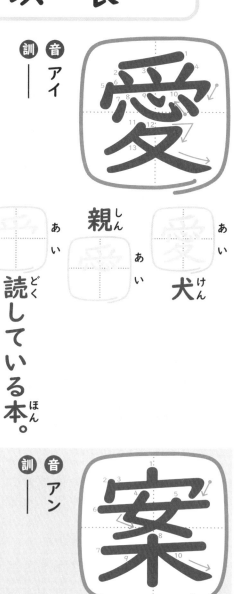

漢字 1-② 位・印・英・栄

手本の漢字を指でなぞります。
□には漢字を頭の中で思いうかべてから書きましょう。

位

音 イ
訓 くらい

地《ち》位《い》
一《いち》位《い》
十《じゅう》の位《くらい》をかける。

英

音 エイ
訓 ―

英《えい》語《ご》
英《えい》会《かい》話《わ》
英《えい》文《ぶん》を書《か》く。

印

音 イン
訓 しるし

印《いん》刷《さつ》
印《いん》しょう
目《め》印《じるし》をつける。

栄

音 エイ
訓 さか-える

栄《えい》養《よう》
栄《えい》光《こう》
国《くに》が栄《さか》える。

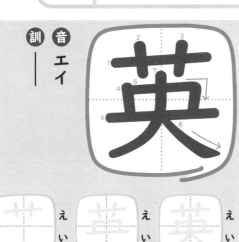

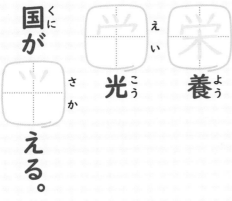

漢字 1-③ 塩・億・加・果

■ 手本の漢字を指でなぞります。□ には漢字を頭の中で思いうかべてから書きましょう。

塩

音 エン
訓 しお

食《しょく》塩《えん》水《すい》

塩《えん》分《ぶん》

塩《しお》からいスープ。

加

音 カ
訓 くわ-える

加《か》工《こう》

加《か》入《にゅう》

水《みず》を加《くわ》える。

億

音 オク
訓 ―

一《いち》億《おく》円《えん》

十《じゅう》億《おく》

億《おく》万長者《まんちょうじゃ》になる。

果

音 カ
訓 は-たす　は-て

結《けっ》果《か》

世界《せかい》の果《は》て

目的《もくてき》を果《は》たす。

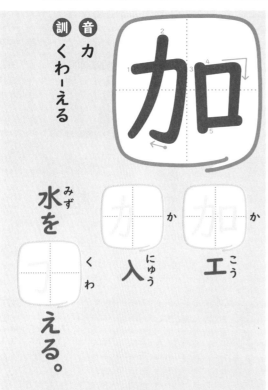

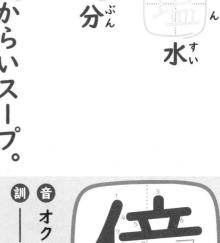

漢字 1-④

貨・課・芽・賀

■手本の漢字を指でなぞります。

□には漢字を頭の中で思いうかべてから書きましょう。

貨

音 カ
訓 ―

貨《か》物《もつ》

金《きん》貨《か》

百《ひゃっ》貨《か》店《てん》で出店《しゅってん》。

芽

音 ガ
訓 め

発《はっ》芽《が》

芽《め》生《ば》え

芽《め》が出《で》る。

課

音 カ
訓 ―

放《ほう》課《か》後《ご》

課《か》題《だい》

会社《かいしゃ》の課《か》長《ちょう》。

賀

音 ガ
訓 ―

賀《が》正《しょう》

年《ねん》賀《が》じょう

祝《しゅく》賀《が》会《かい》を開《ひら》く。

漢字 1-⑤ 改・械・害・街

□ 手本の漢字を指でなぞります。□ には漢字を頭の中で思いうかべてから書きましょう。

改

音 カイ
訓 あらた-める

改《かい》良《りょう》
改《かい》正《せい》
心《こころ》を改《あらた》める。

害

音 ガイ
訓 —

害《がい》虫《ちゅう》
利《り》害《がい》
公《こう》害《がい》をなくす。

械

音 カイ
訓 —

機《き》械《かい》
器《き》械《かい》体《たい》そう
便利《べんり》な機《き》械《かい》。

街

音 ガイ
訓 まち

商店《しょうてん》街《がい》
街《まち》角《かど》
市《し》街《がい》地《ち》を歩《ある》く。

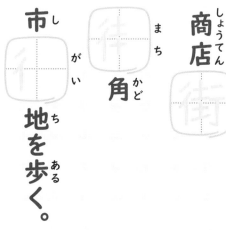

ゴール　スタート

漢字 1－⑥

読みのたしかめ

次の文を読んで、――を引いた漢字の読みを（　）に書きましょう。

① 音楽《おんがく》を愛好《こう》する。（　　）
② 予《よ》算《さん》案を立《た》てる。（　　）
③ 以心《しん》伝《でん》心《しん》の仲《なか》。（　　）
④ 衣服《ふく》をまとう。（　　）
⑤ 位置《ち》につく。（　　）
⑥ 印かんをおす。（　　）
⑦ 英知《ち》を集《あつ》める。（　　）
⑧ 身《み》にあまる光《こう》栄。（　　）
⑨ 塩水《みず》を作《つく》る。（　　）
⑩ 万《まん》億兆《ちょう》の位《くらい》。（　　）
⑪ 車《くるま》を加速《そく》する。（　　）
⑫ 研究《けんきゅう》の成《せい》果を出《だ》す。（　　）
⑬ 銀《ぎん》貨をもらう。（　　）
⑭ 課外《がい》授業《じゅぎょう》。（　　）
⑮ 悪《あく》の芽をつむ。（　　）
⑯ 年《ねん》賀のあいさつ。（　　）
⑰ 駅《えき》の改札口《さつぐち》。（　　）
⑱ 工作機《こうさくき》械を動《うご》かす。（　　）
⑲ 水《すい》害にあう。（　　）
⑳ 地下《ちか》街の店《みせ》。（　　）

漢字 1-⑦

書きのたしかめ①

次の文を読んで、□にあてはまる漢字を頭の中で思いうかべてからなぞりましょう。

① 音楽《おんがく》を愛《あい》好《こう》する。

② 予算《よさん》案《あん》を立《た》てる。

③ 以《い》心伝心《しんでんしん》の仲《なか》。

④ 衣《い》服《ふく》をまとう。

⑤ 位《い》置《ち》につく。

⑥ 印《いん》かんをおす。

⑦ 英《えい》知《ち》を集《あつ》める。

⑧ 身《み》にあまる光《こう》栄《えい》。

⑨ 塩《しお》水《みず》を作《つく》る。

⑩ 万《まん》億《おく》兆《ちょう》の位《くらい》。

⑪ 車《くるま》を加《か》速《そく》する。

⑫ 研究《けんきゅう》の成《せい》果《か》を出《だ》す。

⑬ 銀《ぎん》貨《か》をもらう。

⑭ 課《か》外授業《がいじゅぎょう》。

⑮ 悪《あく》の芽《め》をつむ。

⑯ 年《ねん》賀《が》のあいさつ。

⑰ 駅《えき》の改《かい》札口《さつぐち》。

⑱ 工作機《こうさくき》械《かい》を動《うご》かす。

⑲ 水《すい》害《がい》にあう。

⑳ 地下《ちか》街《がい》の店《みせ》。

漢字 1-⑧

書きのたしかめ②

■ 次の文を読んで、□にあてはまる漢字を頭の中で思いうかべてから書きましょう。

① 音楽《おんがく》を□《あい》好《こう》する。

② 予算《よさん》□《あん》を立《た》てる。

③ □《い》心伝心《しんでんしん》の仲《なか》。

④ □《い》服《ふく》をまとう。

⑤ □《い》置《ち》につく。

⑥ □《いん》かんをおす。

⑦ □《えい》知《ち》を集《あつ》める。

⑧ 身《み》にあまる光《こう》□《えい》。

⑨ □《しお》水《みず》を作《つく》る。

⑩ 万《まん》□《おく》兆《ちょう》の位《くらい》。

⑪ 車《くるま》を□《か》速《そく》する。

⑫ 研究《けんきゅう》の成《せい》□《か》を出《だ》す。

⑬ 銀《ぎん》□《か》をもらう。

⑭ □《か》外授業《がいじゅぎょう》。

⑮ 悪《あく》の□《め》をつむ。

⑯ 年《ねん》□《が》のあいさつ。

⑰ 駅《えき》の□《かい》札口《さつぐち》。

⑱ 工作機《こうさくき》□《かい》を動《うご》かす。

⑲ 水《すい》□《がい》にあう。

⑳ 地下《ちか》□《がい》の店《みせ》。

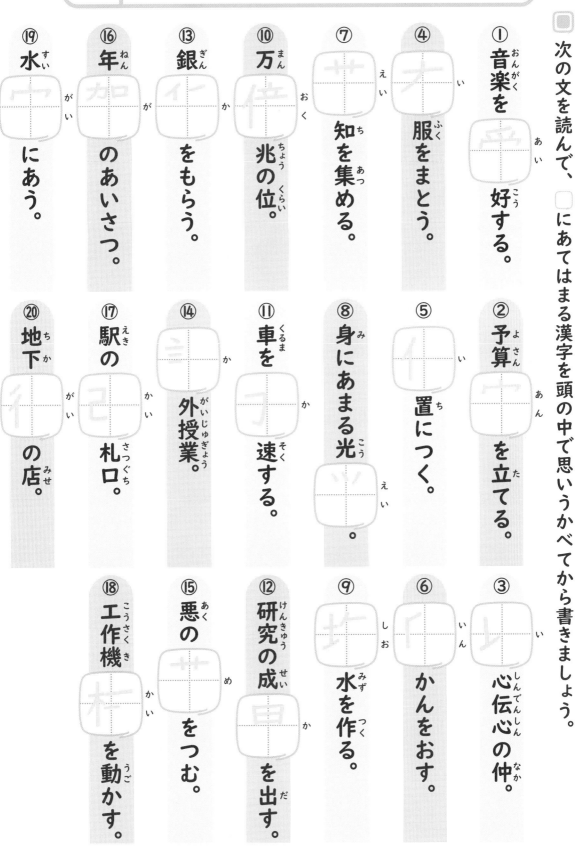

漢字 1-⑨

書きのたしかめ③

□ 次の文を読んで、□にあてはまる漢字を頭の中で思いうかべてから書きましょう。

① 音楽《おんがく》を□《あい》好《こう》する。

② 予算《よさん》□《あん》を立《た》てる。

③ □《い》心伝心《しんでんしん》の仲《なか》。

④ □《い》服《ふく》をまとう。

⑤ □《い》置《ち》につく。

⑥ □《いん》かんをおす。

⑦ □《えい》知《ち》を集《あつ》める。

⑧ 身《み》にあまる光《こう》□《えい》。

⑨ □《しお》水《みず》を作《つく》る。

⑩ 万《まん》□《おく》兆《ちょう》の位《くらい》。

⑪ 車《くるま》を□《か》速《そく》する。

⑫ 研究《けんきゅう》の成《せい》□《か》を出《だ》す。

⑬ 銀《ぎん》□《か》をもらう。

⑭ □《か》外授業《がいじゅぎょう》。

⑮ 悪《あく》の□《め》をつむ。

⑯ 年《ねん》□《が》のあいさつ。

⑰ 駅《えき》の□《かい》札口《さつぐち》。

⑱ 工作機《こうさくき》□《かい》を動《うご》かす。

⑲ 水《すい》□《がい》にあう。

⑳ 地下《ちか》□《がい》の店《みせ》。

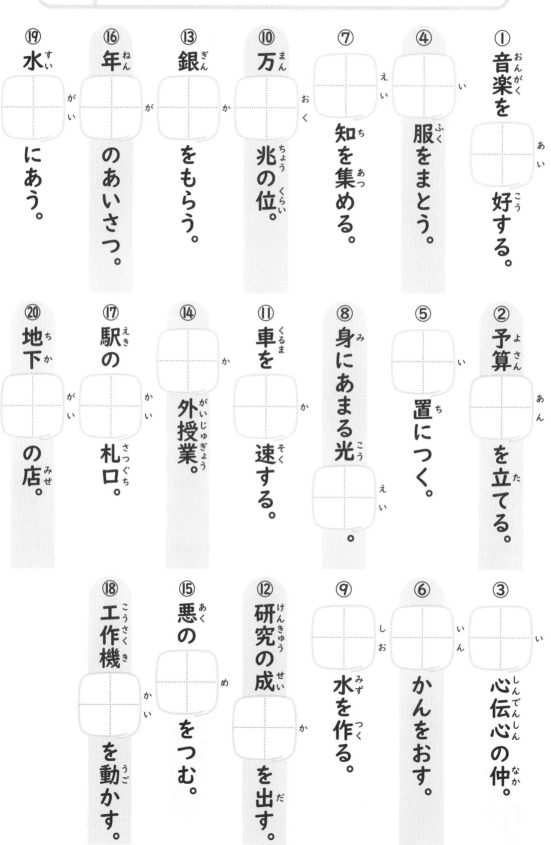

漢字みつけ！①

次の図の中から、今回学習した漢字を二十字見つけましょう。見つけた漢字はなぞりましょう。

漢字 2-①

各・覚・完・官

□手本の漢字を指でなぞります。□には漢字を頭の中で思いうかべてから書きましょう。

各

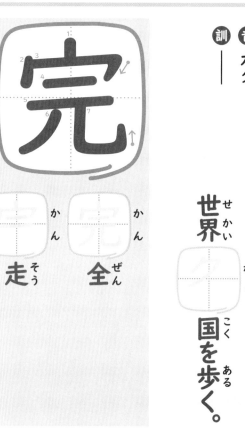

音 カク
訓 —

□《かく》地《ち》

□《かく》自《じ》

世界《せかい》□《かっ》国《こく》を歩《ある》く。

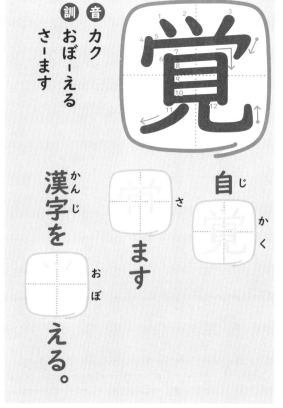

覚

音 カク
訓 おぼ-える さ-ます

自《じ》□《かく》

□《さ》ます

漢字《かんじ》を□《おぼ》える。

完

音 カン
訓 —

□《かん》全《ぜん》

□《かん》走《そう》

ビルが□《かん》成《せい》する。

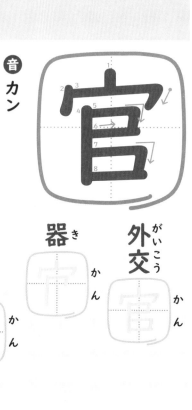

官

音 カン
訓 —

外交《がいこう》□《かん》

器《き》□《かん》

けい察《さつ》□《かん》になる。

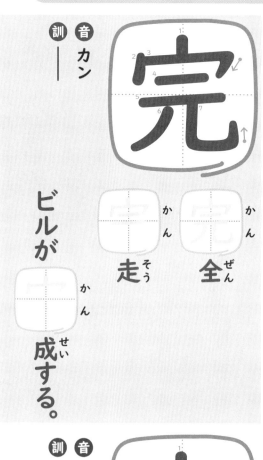

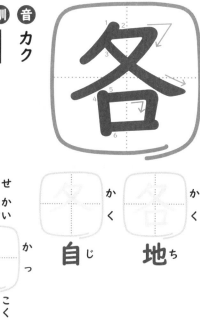

漢字 2-②

管・関・観・願

□手本の漢字を指でなぞります。□には漢字を頭の中で思いうかべてから書きましょう。

管

音 カン
訓 くだ

土《ど》□《かん》

ガス□《かん》

地中《ちちゅう》に□《くだ》を通《とお》す。

観

音 カン
訓 —

□《かん》光《こう》

参《さん》□《かん》日《び》

花《はな》を□《かん》察《さっ》する。

関

音 カン
訓 せき
かか-わる

□《かん》心《しん》

□《せき》所《しょ》

命《いのち》に□《かか》わる。

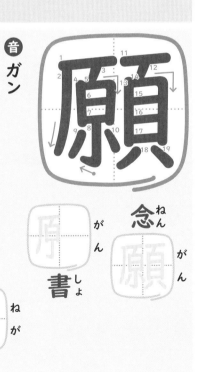

願

音 ガン
訓 ねが-う

念《ねん》□《がん》

□《がん》書《しょ》

平《へい》和《わ》を□《ねが》う。

漢字 2-③　希・季・旗・器

□手本の漢字を指でなぞります。□には漢字を頭の中で思いうかべてから書きましょう。

希

音 キ
訓 ―

希《き》望《ぼう》

希《き》少《しょう》

平和《へいわ》を希《き》求《きゅう》する。

旗

音 キ
訓 はた

国《こっ》旗《き》

旗《き》手《しゅ》

白《しろ》旗《はた》をあげる。

季

音 キ
訓 ―

季《き》節《せっ》

四《し》季《き》

冬《とう》季《き》五輪大会《ごりんたいかい》。

器

音 キ
訓 ―

食《しょっ》器《き》

器《き》具《ぐ》

消火《しょうか》器《き》を使《つか》う。

漢字 2-④

機・議・求・泣

手本の漢字を指でなぞります。
□には漢字を頭の中で思いうかべてから書きましょう。

機

音 キ
訓 ―

□《き》械《かい》
□《き》会《かい》
飛《ひ》行《こう》□《き》に乗《の》る。

求

音 キュウ
訓 もと-める

追《つい》□《きゅう》
□《きゅう》人《じん》
助《たす》けを□《もと》める。

議

音 ギ
訓 ―

□《ぎ》長《ちょう》
会《かい》□《ぎ》
不《ふ》思《し》□《ぎ》な出《で》来《き》事《ごと》。

泣

音 (キュウ)
訓 な-く

□《な》く
□《な》き声《ごえ》
□《な》き出《だ》す子《こ》ども。

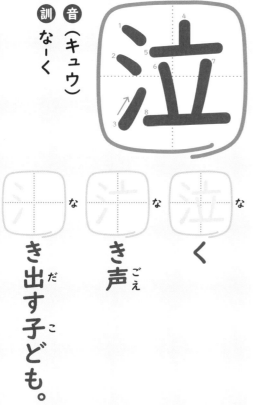

漢字 2-⑤

給・挙・漁・共

□手本の漢字を指でなぞります。□には漢字を頭の中で思いうかべてから書きましょう。

給

音 キュウ
訓 —

給《きゅう》食《しょく》

配《はい》給《きゅう》

給《きゅう》水《すい》ポンプ。

漁

音 ギョ リョウ
訓 —

漁《ぎょ》業《ぎょう》

漁《ぎょ》船《せん》

大《たい》漁《りょう》を祝《いわ》う。

挙

音 キョ
訓 あ-げる

選《せん》挙《きょ》

挙《きょ》手《しゅ》

全力《ぜんりょく》を挙《あ》げる。

共

音 キョウ
訓 とも

共《きょう》同《どう》

共《きょう》通《つう》

共《とも》働《ばたら》きをする。

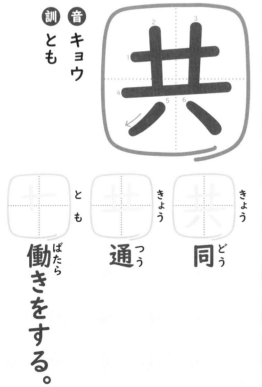

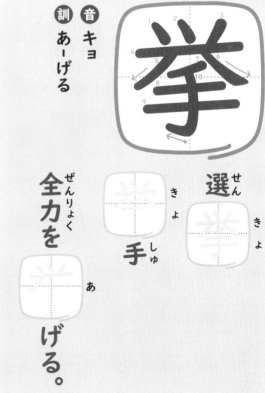

漢字　2-⑥

読みのたしかめ

次の文を読んで、——を引いた漢字の読みを（　）に書きましょう。

① 関係者《かんけいしゃ》各位《い》。（　　）

② 悪事《あくじ》が発《はっ》覚する。（　　）

③ 試合《しあい》に完勝《しょう》する。（　　）

④ 大学《だいがく》の教《きょう》官。（　　）

⑤ 水道《すいどう》管のしゅう理《り》。（　　）

⑥ 親子《おやこ》の関係《けい》。（　　）

⑦ 野球《やきゅう》の観客《きゃく》。（　　）

⑧ 願望《ぼう》をいだく。（　　）

⑨ 希望《ぼう》の光《ひかり》。（　　）

⑩ 夏《か》季オリンピック。（　　）

⑪ 赤《あか》い旗を上《あ》げる。（　　）

⑫ 週末《しゅうまつ》に楽《がっ》器を習《なら》う。（　　）

⑬ 機運《うん》が高《たか》まる。（　　）

⑭ 国会《こっかい》議員《いん》になる。（　　）

⑮ てきの要《よう》求を飲《の》む。（　　）

⑯ 水不足《みずぶそく》に泣く町《まち》。（　　）

⑰ 自《じ》給自足《じそく》の生活《せいかつ》。（　　）

⑱ 教会《きょうかい》で挙式《しき》をする。（　　）

⑲ 朝《あさ》に漁に出《で》る。（　　）

⑳ 行動《こうどう》を共にする。（　　）

漢字 2-⑦

書きのたしかめ①

次の文を読んで、□にあてはまる漢字を頭の中で思いうかべてからなぞりましょう。

① 関係者《かんけいしゃ》各《かく》位《い》。

② 悪事《あくじ》が発《はっ》覚《かく》する。

③ 試合《しあい》に完《かん》勝《しょう》する。

④ 大学《だいがく》の教《きょう》官《かん》。

⑤ 水道《すいどう》管《かん》のしゅう理《り》。

⑥ 親子《おやこ》の関《かん》係《けい》。

⑦ 野球《やきゅう》の観《かん》客《きゃく》。

⑧ 願《がん》望《ぼう》をいだく。

⑨ 希《き》望《ぼう》の光《ひかり》。

⑩ 夏《か》季《き》オリンピック。

⑪ 赤《あか》い旗《はた》を上《あ》げる。

⑫ 週末《しゅうまつ》に楽《がっ》器《き》を習《なら》う。

⑬ 機《き》運《うん》が高《たか》まる。

⑭ 国会《こっかい》議《ぎ》員《いん》になる。

⑮ てきの要《よう》求《きゅう》を飲《の》む。

⑯ 水不足《みずぶそく》に泣《な》く町《まち》。

⑰ 自《じ》給《きゅう》自足《じそく》の生活《せいかつ》。

⑱ 教会《きょうかい》で挙《きょ》式《しき》をする。

⑲ 朝《あさ》に漁《りょう》に出《で》る。

⑳ 行動《こうどう》を共《とも》にする。

漢字 2-⑧

書きのたしかめ ②

次の文を読んで、□にあてはまる漢字を頭の中で思いうかべてから書きましょう。

① 関係者《かんけいしゃ》□《かく》位《い》。

② 悪事《あくじ》が発《はっ》□《かく》する。

③ 試合《しあい》に□《かん》勝《しょう》する。

④ 大学《だいがく》の教《きょう》□《かん》。

⑤ 水道《すいどう》□《かん》のしゅう理《り》。

⑥ 親子《おやこ》の□《かん》係《けい》。

⑦ 野球《やきゅう》の□《かん》客《きゃく》。

⑧ □《がん》望《ぼう》をいだく。

⑨ □《き》望《ぼう》の光《ひかり》。

⑩ 夏《か》□《き》オリンピック。

⑪ 赤《あか》い□《はた》を上《あ》げる。

⑫ 週末《しゅうまつ》に楽《がっ》□《き》を習《なら》う。

⑬ □《き》運《うん》が高《たか》まる。

⑭ 国会《こっかい》□《ぎ》員《いん》になる。

⑮ てきの要《よう》□《きゅう》を飲《の》む。

⑯ 水不足《みずぶそく》に□《な》く町《まち》。

⑰ 自《じ》□《きゅう》自足《じそく》の生活《せいかつ》。

⑱ 教会《きょうかい》で□《きょ》式《しき》をする。

⑲ 朝《あさ》に□《りょう》に出《で》る。

⑳ 行動《こうどう》を□《とも》にする。

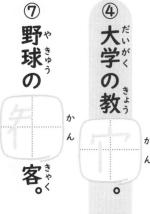

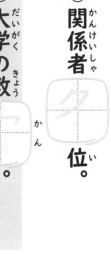

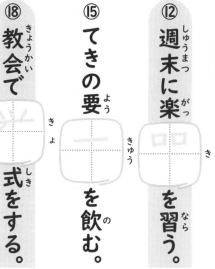

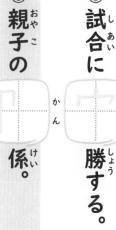

漢字 2-⑨

書きのたしかめ ③

□ 次の文を読んで、□にあてはまる漢字を頭の中で思いうかべてから書きましょう。

① 関係者《かんけいしゃ》□《かく》位《い》。
② 悪事《あくじ》が発《はっ》□《かく》する。
③ 試合《しあい》に□《かん》勝《しょう》する。
④ 大学《だいがく》の教《きょう》□《かん》。
⑤ 水道《すいどう》□《かん》のしゅう理《り》。
⑥ 親子《おやこ》の□《かん》係《けい》。
⑦ 野球《やきゅう》の□《かん》客《きゃく》。
⑧ □《がん》望《ぼう》をいだく。
⑨ □《き》望《ぼう》の光《ひかり》。
⑩ 夏《か》□《き》オリンピック。
⑪ 赤《あか》い□《はた》を上《あ》げる。
⑫ 週末《しゅうまつ》に楽《がっ》□《き》を習《なら》う。
⑬ □《き》運《うん》が高《たか》まる。
⑭ 国会《こっかい》□《ぎ》員《いん》になる。
⑮ てきの要《よう》□《きゅう》を飲《の》む。
⑯ 水不足《みずぶそく》に□《な》く町《まち》。
⑰ 自《じ》□《きゅう》自足《じそく》の生活《せいかつ》。
⑱ 教会《きょうかい》で□《きょ》式《しき》をする。
⑲ 朝《あさ》に□《りょう》に出《で》る。
⑳ 行動《こうどう》を□《とも》にする。

漢字 2-⑩

漢字めいろ ①

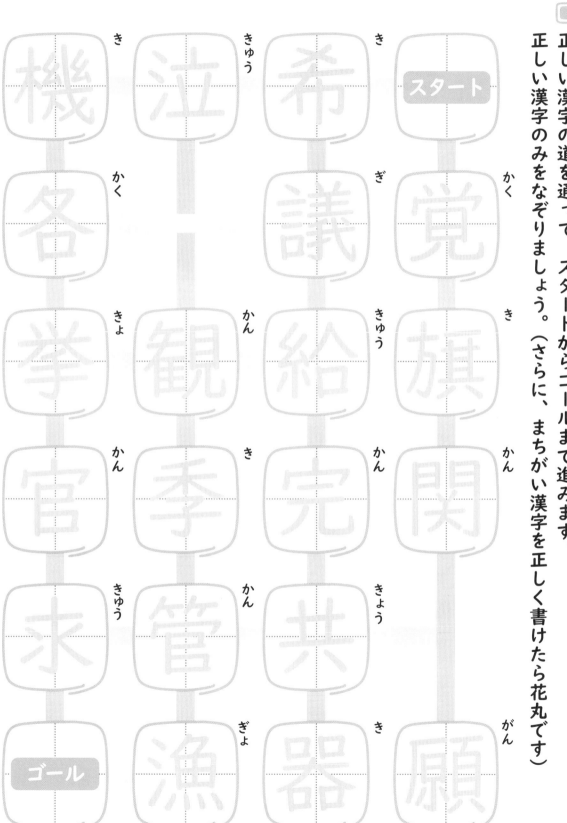

■ 正しい漢字の道を通って、スタートからゴールまで進みます。正しい漢字のみをなぞりましょう。（さらに、まちがい漢字を正しく書けたら花丸です）

機《き》	泣《きゅう》	希《き》	スタート
各《かく》		議《ぎ》	覚《かく》
挙《きょ》	観《かん》	給《きゅう》	旗《き》
官《かん》	季《き》	完《かん》	関《かん》
求《きゅう》	管《かん》	共《きょう》	
ゴール	漁《ぎょ》	器《き》	願《がん》

漢字 3-①

協・鏡・競・極

□手本の漢字を指でなぞります。
□には漢字を頭の中で思いうかべてから書きましょう。

協

音 キョウ
訓 ―

□《きょう》力《りょく》
□《きょう》同《どう》
□《きょう》議《ぎ》会《かい》を開《ひら》く。

鏡

音 キョウ
訓 かがみ

望《ぼう》遠《えん》□《きょう》
□《きょう》台《だい》
□《かがみ》もちをかざる。

競

音 キョウ ケイ
訓 ―

□《きょう》走《そう》
□《きょう》泳《えい》
□《けい》馬《ば》場《じょう》に行《い》く。

極

音 キョク
訓 ―

北《ほっ》□《きょく》
南《なん》□《きょく》
電《でん》池《ち》のプラス□《きょく》。

訓・軍・郡・群

手本の漢字を指でなぞります。□には漢字を頭の中で思いうかべてから書きましょう。

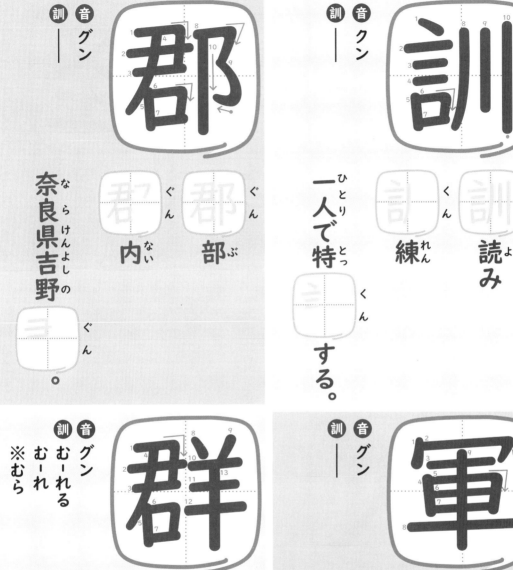

訓

音 クン
訓 ―

訓《くん》読《よ》み

訓《くん》練《れん》

一人《ひとり》で特《とっ》□《くん》する。

郡

音 グン
訓 ―

郡《ぐん》部《ぶ》

郡《ぐん》内《ない》

奈良県吉野《ならけんよしの》□《ぐん》。

軍

音 グン
訓 ―

軍《ぐん》手《て》

軍《ぐん》隊《たい》

すもうの□《ぐん》配《ばい》。

群

音 グン
訓 む-れる　む-れ
※むら

大《たい》群《ぐん》

群《ぐん》集《しゅう》

カモメが□《む》れる。

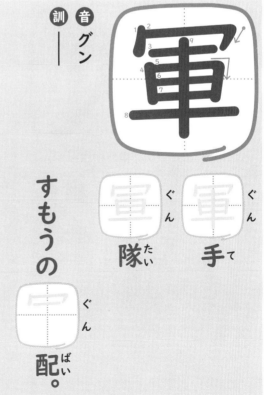

漢字 3-③

径・景・芸・欠

手本の漢字を指でなぞります。
□には漢字を頭の中で思いうかべてから書きましょう。

径

音 ケイ
訓 ―

半《はん》□《けい》路《ろ》

円《えん》の直《ちょっ》□《けい》。

芸

音 ゲイ
訓 ―

学《がく》□《げい》会《かい》

□《げい》人《にん》

道《みち》で曲《きょく》□《げい》をする。

景

音 ケイ
訓 ―

風《ふう》□《けい》

□《け》色《しき》

□《けい》品《ひん》が当《あ》たる。

欠

音 ケツ
訓 か-ける

出《しゅっ》□《けつ》

□《けっ》点《てん》

月《つき》が□《か》ける。

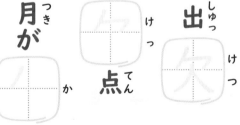

結・建・健・験

手本の漢字を指でなぞります。□には漢字を頭の中で思いうかべてから書きましょう。

結

音 ケツ
訓 むす-ぶ

結《けつ》末《まつ》

結《けっ》果《か》

くつひもを結《むす》ぶ。

建

音 ケン
訓 た-てる

建《けん》せつ

建《けん》国《こく》

家《いえ》を建《た》てる。

健

音 ケン
訓 ―

健《けん》康《こう》

健《けん》全《ぜん》

ほ健《けん》室《しつ》の先生《せんせい》。

験

音 ケン
訓 ―

受《じゅ》験《けん》

体《たい》験《けん》

理科《りか》の実《じっ》験《けん》。

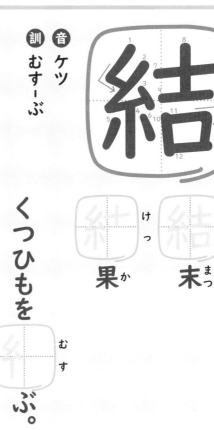

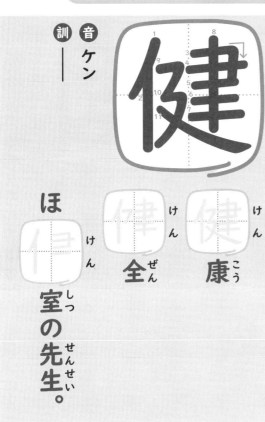

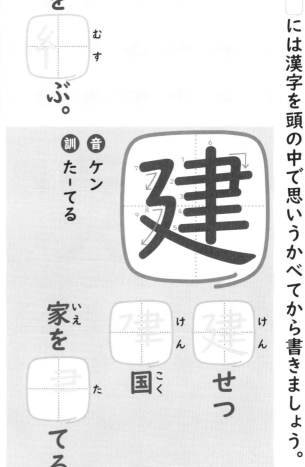

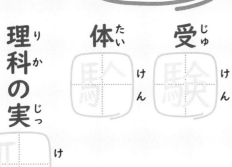

漢字 3-⑤　固・功・好・候

□ 手本の漢字を指でなぞります。
□ には漢字を頭の中で思いうかべてから書きましょう。

固

音 コ
訓 かた-める　かた-い

固《こ》体《たい》

固《かた》い

土《つち》を固《かた》める。

好

音 コウ
訓 この-む　す-く

好《こう》物《ぶつ》

本《ほん》好《ず》き

お好《この》みやき。

功

音 コウ
訓 ―

成《せい》功《こう》

功《こう》労《ろう》者《しゃ》

けがの功《こう》名《みょう》。

候

音 コウ
訓 ―

気《き》候《こう》

天《てん》候《こう》

市《し》長《ちょう》に立《りっ》候《こう》ほ。

ゴール スタート

漢字 3-⑥

読みのたしかめ

次の文を読んで、——を引いた漢字の読みを（　）に書きましょう。

①農業協同組合《のうぎょうきょうどうくみあい》。（　）

②けんび鏡を見《み》る。（　）

③競争《そう》に勝《か》つ。（　）

④体力《たいりょく》の極げん。（　）

⑤失敗《しっぱい》を教訓《きょう》にする。（　）

⑥一軍《いち》の選手《せんしゅ》。（　）

⑦いなかの郡や村《むら》。（　）

⑧流星群《りゅうせい》を見《み》る。（　）

⑨半径《はん》を求《もと》める。（　）

⑩景勝地《しょうち》をたずねる。（　）

⑪しゅ味《み》の園芸《えん》。（　）

⑫欠席者《せきしゃ》が出《で》る。（　）

⑬物語《ものがたり》が完結《かん》する。（　）

⑭建て売《う》り住《じゅう》たく。（　）

⑮健康《こう》になる。（　）

⑯入学試験《にゅうがくし》。（　）

⑰固形石《けいせっ》けん。（　）

⑱研究《けんきゅう》が成功《せい》する。（　）

⑲好きな本《ほん》を読《よ》む。（　）

⑳温《おん》だんな気候《き》。（　）

書きのたしかめ ①

次の文を読んで、□にあてはまる漢字を頭の中で思いうかべてからなぞりましょう。

① 農業《のうぎょう》協《きょう》同組合《どうくみあい》。

② けんび鏡《きょう》を見《み》る。

③ 競《きょう》争《そう》に勝《か》つ。

④ 体力《たいりょく》の極《きょく》げん。

⑤ 失敗《しっぱい》を教《きょう》訓《くん》にする。

⑥ 一《いち》軍《ぐん》の選手《せんしゅ》。

⑦ いなかの郡《ぐん》や村《むら》。

⑧ 流星《りゅうせい》群《ぐん》を見《み》る。

⑨ 半《はん》径《けい》を求《もと》める。

⑩ 景《けい》勝地《しょうち》をたずねる。

⑪ しゅ味《み》の園《えん》芸《げい》。

⑫ 欠《けっ》席者《せきしゃ》が出《で》る。

⑬ 物語《ものがたり》が完《かん》結《けつ》する。

⑭ 建《た》て売《う》り住《じゅう》たく。

⑮ 健《けん》康《こう》になる。

⑯ 入学試《にゅうがくし》験《けん》。

⑰ 固《こ》形石《けいせっ》けん。

⑱ 研究《けんきゅう》が成《せい》功《こう》する。

⑲ 好《す》きな本《ほん》を読《よ》む。

⑳ 温《おん》だんな気《き》候《こう》。

漢字 3-⑧

書きのたしかめ②

□ 次の文を読んで、□にあてはまる漢字を頭の中で思いうかべてから書きましょう。

① 農業《のうぎょう》□《きょう》同組合《どうくみあい》。

② けんび□《きょう》を見《み》る。

③ □《きょう》争《そう》に勝《か》つ。

④ 体力《たいりょく》の□《きょく》げん。

⑤ 失敗《しっぱい》を教《きょう》□《くん》にする。

⑥ 一《いち》□《ぐん》の選手《せんしゅ》。

⑦ いなかの□《ぐん》や村《むら》。

⑧ 流星《りゅうせい》□《ぐん》を見《み》る。

⑨ 半《はん》□《けい》を求《もと》める。

⑩ □《けい》勝地《しょうち》をたずねる。

⑪ しゅ味《み》の園《えん》□《げい》。

⑫ □《けっ》席者《せきしゃ》が出《で》る。

⑬ 物語《ものがたり》が完《かん》□《けつ》する。

⑭ □《た》て売《う》り住《じゅう》たく。

⑮ □《けん》康《こう》になる。

⑯ 入学試《にゅうがくし》□《けん》。

⑰ □《こ》形石《けいせき》けん。

⑱ 研究《けんきゅう》が成《せい》□《こう》する。

⑲ □《す》きな本《ほん》を読《よ》む。

⑳ 温《おん》だんな気《き》□《こう》。

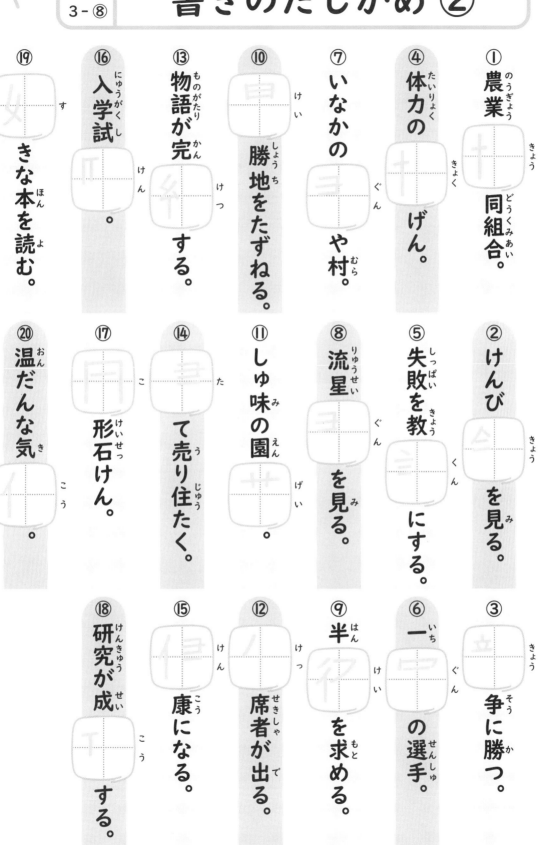

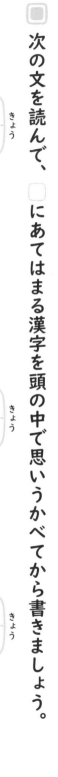

漢字 3-⑨

書きのたしかめ ③

次の文を読んで、□にあてはまる漢字を頭の中で思いうかべてから書きましょう。

① 農業《のうぎょう》□《きょう》同組合《どうくみあい》。

② けんび□《きょう》を見《み》る。

③ □《きょう》争《そう》に勝《か》つ。

④ 体力《たいりょく》の□《きょく》げん。

⑤ 失敗《しっぱい》を教《きょう》□《くん》にする。

⑥ 一《いち》□《ぐん》の選手《せんしゅ》。

⑦ いなかの□《ぐん》や村《むら》。

⑧ 流星《りゅうせい》□《ぐん》を見《み》る。

⑨ 半《はん》□《けい》を求《もと》める。

⑩ □《けい》勝地《しょうち》をたずねる。

⑪ しゅ味《み》の園《えん》□《げい》。

⑫ □《けっ》席者《せきしゃ》が出《で》る。

⑬ 物語《ものがたり》が完《かん》□《けつ》する。

⑭ □《た》て売《う》り住《じゅう》たく。

⑮ □《けん》康《こう》になる。

⑯ 入学試《にゅうがくし》□《けん》。

⑰ □《こ》形石《けいせき》けん。

⑱ 研究《けんきゅう》が成《せい》□《こう》する。

⑲ □《す》きな本《ほん》を読《よ》む。

⑳ 温《おん》だんな気《き》□《こう》。

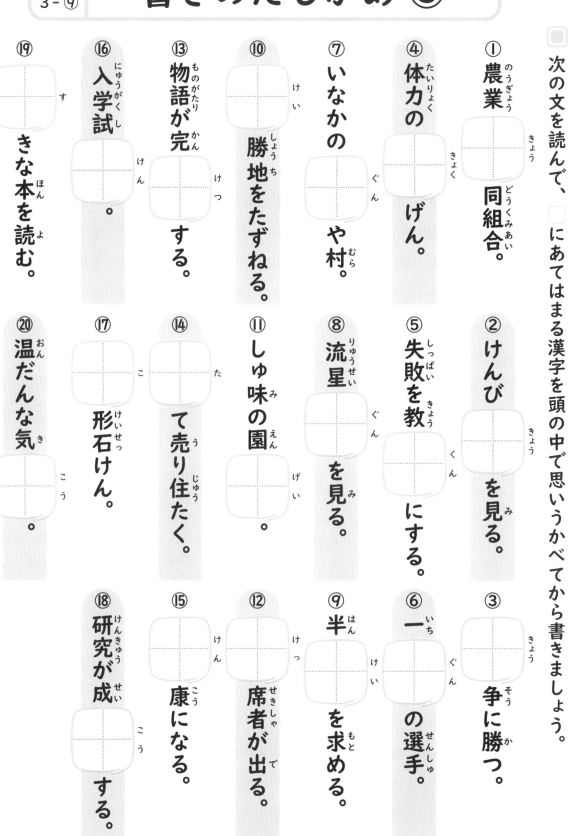

漢字 3-⑩

正しい漢字みつけ！①

次の漢字は何画か書きたされた、まちがい漢字です。正しい部分のみをなぞって、漢字を見つけましょう。

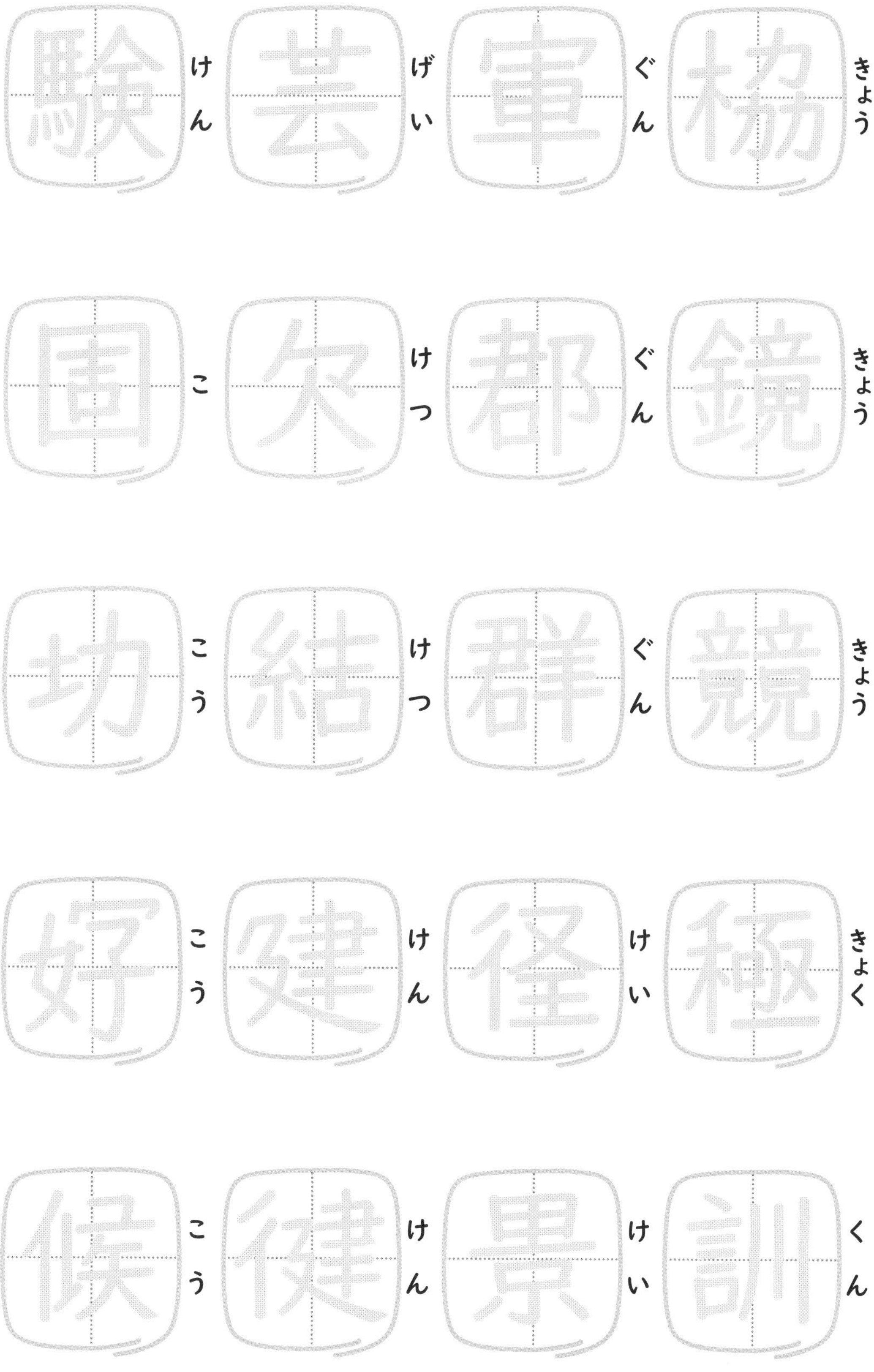

漢字 4-①

康・差・菜・最

手本の漢字を指でなぞります。
□には漢字を頭の中で思いうかべてから書きましょう。

康

音 コウ
訓 ―

健《けん》康《こう》
小《しょう》康《こう》
健《けん》康《こう》しんだん。

菜

音 サイ
訓 な

野《や》菜《さい》
白《はく》菜《さい》
白《しろ》い菜《な》の花畑《はなばたけ》。

差

音 サ
訓 さ-す

点《てん》差《さ》
交《こう》差《さ》点《てん》
かさを差《さ》す。

最

音 サイ
訓 もっと-も

最《さい》高《こう》
最《さい》初《しょ》
最《もっと》も大《おお》きい川《かわ》。

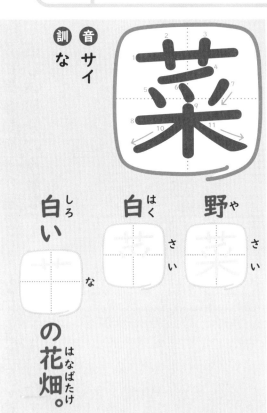

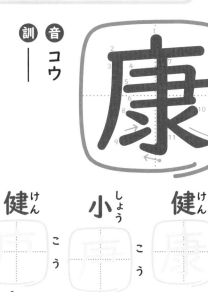

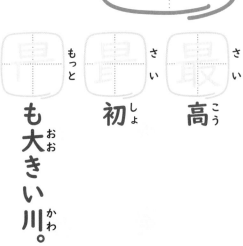

ゴール　スタート

漢字 4-②

材・昨・札・刷

□手本の漢字を指でなぞります。□には漢字を頭の中で思いうかべてから書きましょう。

材

音 ザイ
訓 ―

材《ざい》木《もく》

取《しゅ》材《ざい》

料理《りょうり》の材《ざい》料《りょう》。

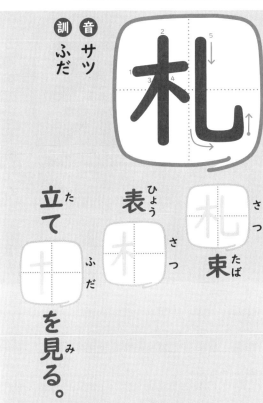

札

音 サツ
訓 ふだ

札《さつ》束《たば》

表《ひょう》札《さつ》

立《た》て札《ふだ》を見《み》る。

昨

音 サク
訓 ―

昨《さく》年《ねん》

昨《さく》日《じつ》

昨《さく》夜《や》からの雨《あめ》。

刷

音 サツ
訓 す-る

印《いん》刷《さつ》

刷《さつ》新《しん》

紙《かみ》に白黒《しろくろ》で刷《す》る。

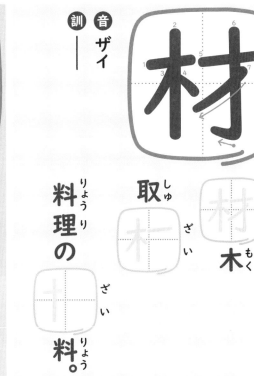

漢字 4-③

察・参・産・散

□ 手本の漢字を指でなぞります。□には漢字を頭の中で思いうかべてから書きましょう。

察

音 サツ
訓 ―

観《かん》□《さつ》

考《こう》□《さつ》

けい□《さつ》官《かん》の母《はは》。

産

音 サン
訓 う-む

□《さん》業《ぎょう》

生《せい》□《さん》

犬《いぬ》が子犬《こいぬ》を□《う》む。

参

音 サン
訓 まい-る

□《さん》加《か》

持《じ》□《さん》

□《さん》考《こう》書《しょ》で調《しら》べる。

散

音 サン
訓 ち-る
ち-らす
ち-らかす

□《さん》歩《ぽ》

□《さん》ぱつ

花《はな》びらが□《ち》る。

漢字 4-④

残・氏・司・試

□手本の漢字を指でなぞります。

□には漢字を頭の中で思いうかべてから書きましょう。

残

音 ザン

訓 のこ-る

□《ざん》念《ねん》

□《ざん》暑《しょ》

心《こころ》に□《のこ》る言葉《ことば》。

司

音 シ

訓 —

□《し》会《かい》

上《じょう》□《し》

図書館《としょかん》の□《し》書《しょ》。

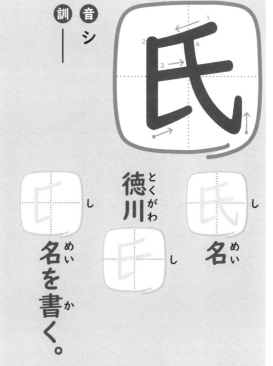

氏

音 シ

訓 —

□《し》名《めい》

徳川《とくがわ》□《し》

□《し》名《めい》を書《か》く。

試

音 シ

訓 こころ-みる

□《し》合《あい》

□《し》験《けん》

新《あたら》しく□《こころ》みる。

漢字 4-⑤

児・治・辞・失

□ 手本の漢字を指でなぞります。□には漢字を頭の中で思いうかべてから書きましょう。

児

音 ジ

訓 ―

児《じ》童《どう》会《かい》

球《きゅう》児《じ》

全《ぜん》員《いん》での育《いく》児《じ》。

辞

音 ジ

訓 ―

辞《じ》書《しょ》

辞《じ》典《てん》

辞《じ》表《ひょう》を出《だ》す。

治

音 ジ・チ

訓 おさ-める・なお-す

明《めい》治《じ》

治《おさ》める

病《びょう》気《き》を治《なお》す。

失

音 シツ

訓 うしな-う

失《しつ》礼《れい》

失《しっ》敗《ぱい》

暑《あつ》さで気《き》を失《うしな》う。

漢字 4-⑥

読みのたしかめ

■ 次の文を読んで、――を引いた漢字の読みを（　）に書きましょう。

① 健《けん》康な子《こ》ども。（　）

② 朝日《あさひ》が差す。（　）

③ 野《や》菜を食《た》べる。（　）

④ 最高点《こうてん》を取《と》る。（　）

⑤ 取《しゅ》材を始《はじ》める。（　）

⑥ 昨年《ねん》の出来事《できごと》。（　）

⑦ 一万円《いちまんえん》札。（　）

⑧ 印《いん》刷をする。（　）

⑨ 星《ほし》の観《かん》察。（　）

⑩ 会合《かいごう》に参加《か》する。（　）

⑪ 子《こ》どもが産まれる。（　）

⑫ ごみが散らばる。（　）

⑬ 山《やま》に雪《ゆき》が残る。（　）

⑭ 氏名《めい》を公表《こうひょう》する。（　）

⑮ 司会《かい》が上手《じょうず》。（　）

⑯ もう一度《いちど》試みる。（　）

⑰ 児童会《どうかい》の役員《やくいん》。（　）

⑱ けがを治す。（　）

⑲ 辞書《しょ》を引《ひ》く。（　）

⑳ チャンスを失う。（　）

書きのたしかめ①

次の文を読んで、□にあてはまる漢字を頭の中で思いうかべてからなぞりましょう。

① 健《けん》康《こう》な子《こ》ども。

② 朝日《あさひ》が差《さ》す。

③ 野《や》菜《さい》を食《た》べる。

④ 最《さい》高点《こうてん》を取《と》る。

⑤ 取《しゅ》材《ざい》を始《はじ》める。

⑥ 昨《さく》年《ねん》の出来事《できごと》。

⑦ 一万円《いちまんえん》札《さつ》。

⑧ 印《いん》刷《さつ》をする。

⑨ 星《ほし》の観《かん》察《さつ》。

⑩ 会合《かいごう》に参《さん》加《か》する。

⑪ 子《こ》どもが産《う》まれる。

⑫ ごみが散《ち》らばる。

⑬ 山《やま》に雪《ゆき》が残《のこ》る。

⑭ 氏《し》名《めい》を公表《こうひょう》する。

⑮ 司《し》会《かい》が上手《じょうず》。

⑯ もう一度《いちど》試《こころ》みる。

⑰ 児《じ》童会《どうかい》の役員《やくいん》。

⑱ けがを治《なお》す。

⑲ 辞《じ》書《しょ》を引《ひ》く。

⑳ チャンスを失《うしな》う。

漢字 4-⑧

書きのたしかめ②

次の文を読んで、□にあてはまる漢字を頭の中で思いうかべてから書きましょう。

① 健《けん》□《こう》な子《こ》ども。

② 朝日《あさひ》が□《さ》す。

③ 野《や》□《さい》を食《た》べる。

④ □《さい》高点《こうてん》を取《と》る。

⑤ 取《しゅ》□《ざい》を始《はじ》める。

⑥ □《さく》年《ねん》の出来事《できごと》。

⑦ 一万円《いちまんえん》□《さつ》。

⑧ 印《いん》□《さつ》をする。

⑨ 星《ほし》の観《かん》□《さつ》。

⑩ 会合《かいごう》に□《さん》加《か》する。

⑪ 子《こ》どもが□《う》まれる。

⑫ ごみが□《ち》らばる。

⑬ 山《やま》に雪《ゆき》が□《のこ》る。

⑭ □《し》名《めい》を公表《こうひょう》する。

⑮ □《し》会《かい》が上手《じょうず》。

⑯ もう一度《いちど》□《こころ》みる。

⑰ □《じ》童会《どうかい》の役員《やくいん》。

⑱ けがを□《なお》す。

⑲ □《じ》書《しょ》を引《ひ》く。

⑳ チャンスを□《うしな》う。

漢字 4-⑨

書きのたしかめ ③

次の文を読んで、□にあてはまる漢字を頭の中で思いうかべてから書きましょう。

① 健《けん》□《こう》な子《こ》ども。

② 朝日《あさひ》が□《さ》す。

③ 野《や》□《さい》を食《た》べる。

④ □《さい》高点《こうてん》を取《と》る。

⑤ 取《しゅ》□《ざい》を始《はじ》める。

⑥ □《さく》年《ねん》の出来事《できごと》。

⑦ 一万円《いちまんえん》□《さつ》。

⑧ 印《いん》□《さつ》をする。

⑨ 星《ほし》の観《かん》□《さつ》。

⑩ 会合《かいごう》に□《さん》加《か》する。

⑪ 子《こ》どもが□《う》まれる。

⑫ ごみが□《ち》らばる。

⑬ 山《やま》に雪《ゆき》が□《のこ》る。

⑭ □《し》名《めい》を公表《こうひょう》する。

⑮ □《し》会《かい》が上手《じょうず》。

⑯ もう一度《いちど》□《こころ》みる。

⑰ □《じ》童会《どうかい》の役員《やくいん》。

⑱ けがを□《なお》す。

⑲ □《じ》書《しょ》を引《ひ》く。

⑳ チャンスを□《うしな》う。

漢字 4-⑩

漢字みつけ！②

次の図の中から、今回学習した漢字を二十字見つけましょう。
見つけた漢字はなぞりましょう。

漢字 5-①

借・種・周・祝

□手本の漢字を指でなぞります。□には漢字を頭の中で思いうかべてから書きましょう。

借

音 シャク
訓 か-りる

借《しゃく》用《よう》
借《しゃっ》金《きん》
本《ほん》を借《か》りる。

周

音 シュウ
訓 まわ-り

周《しゅう》知《ち》
一《いっ》周《しゅう》
池《いけ》の周《まわ》りを歩《ある》く。

種

音 シュ
訓 たね

種《しゅ》子《し》
種《しゅ》目《もく》
朝顔《あさがお》の種《たね》をまく。

祝

音 シュク
訓 いわ-う

祝《しゅく》日《じつ》
祝《しゅく》福《ふく》
入学《にゅうがく》を祝《いわ》う。

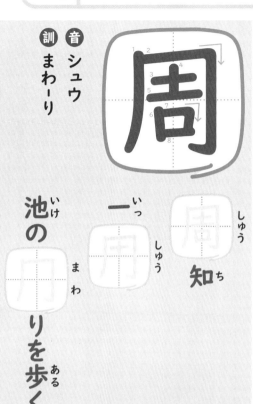

漢字 5-②

順・初・松・笑

□手本の漢字を指でなぞります。□には漢字を頭の中で思いうかべてから書きましょう。

順

音 ジュン
訓 ―

筆《ひっ》順《じゅん》

□《じゅん》位《い》

□《じゅん》番《ばん》にならぶ。

松

音 ショウ
訓 まつ

松《しょう》竹《ちく》梅《ばい》

□《まつ》林《ばやし》

□《まつ》葉《ば》づえをつく。

初

音 ショ
訓 はじ-め　はつ

初《しょ》日《にち》

□《はつ》雪《ゆき》

□《はじ》めて行《い》く街《まち》。

笑

音 （ショウ）
訓 わら-う

笑《わら》い話《ばなし》

お□《わら》い芸人《げいにん》

楽《たの》しい話《はなし》で□《わら》う。

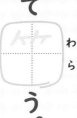

漢字 5-③

唱・焼・照・城

□手本の漢字を指でなぞります。□には漢字を頭の中で思いうかべてから書きましょう。

唱

音 ショウ
訓 とな-える

暗《あん》□《しょう》

歌《か》□《しょう》力《りょく》

九九《くく》を□《とな》える。

照

音 ショウ
訓 て-る　て-れる

参《さん》□《しょう》

□《しょう》明《めい》

真夏《まなつ》の日《ひ》が□《て》る。

焼

音 （ショウ）
訓 や-く

夕《ゆう》□《や》け

日《ひ》□《や》け

世話《せわ》を□《や》く。

城

音 ジョウ
訓 しろ

大阪《おおさか》□《じょう》

□《じょう》門《もん》

お□《しろ》に登《のぼ》る。

ゴール スタート

漢字 5-④

臣・信・成・省

□ 手本の漢字を指でなぞります。

□には漢字を頭の中で思いうかべてから書きましょう。

臣

音 シン ジン

訓 ―

大《だい》臣《じん》

家《か》臣《しん》

親《おや》がそう理《り》大《だい》臣《じん》。

成

音 セイ

訓 な-る

成《せい》長《ちょう》

成《せい》功《こう》

漢《かん》字《じ》の成《な》り立《た》ち。

信

音 シン

訓 ―

信《しん》号《ごう》

信《しん》用《よう》

友《とも》だちを信《しん》じる。

省

音 セイ ショウ

訓 はぶ-く

反《はん》省《せい》

文《もん》科《か》省《しょう》

むだを省《はぶ》く。

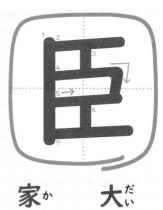

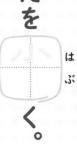

漢字 5-⑤

清・静・席・積

□手本の漢字を指でなぞります。□には漢字を頭の中で思いうかべてから書きましょう。

清

音 セイ
訓 きよ-い　きよ-める

□《せい》書《しょ》

□《せい》流《りゅう》

神社《じんじゃ》の□《きよ》い空気《くうき》。

席

音 セキ
訓 ―

出《しゅっ》□《せき》

欠《けっ》□《せき》

□《せき》がえをする。

静

音 セイ
訓 しず　しず-か　しず-まる

□《せい》止《し》

□《しず》まる

□《しず》かに休《やす》む。

積

音 セキ
訓 つ-む

面《めん》□《せき》

□《せき》雪《せつ》

荷物《にもつ》を□《つ》む車《くるま》。

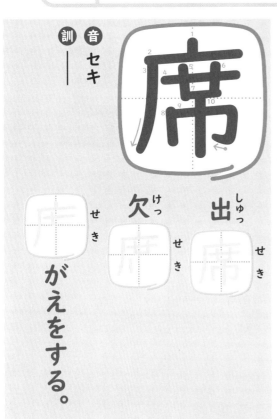

漢字 5-⑥

読みのたしかめ

次の文を読んで、――を引いた漢字の読みを（　）に書きましょう。

① 家《いえ》を借りたい。（　　）

② 手《て》品《じな》の種を知《し》る。（　　）

③ 家《いえ》の周辺《へん》を歩《ある》く。（　　）

④ 卒業《そつぎょう》を祝う式《しき》。（　　）

⑤ 身長《しんちょう》順にならぶ。（　　）

⑥ 初もうでに行《い》く。（　　）

⑦ 正月《しょうがつ》のかど松。（　　）

⑧ にっこり笑う。（　　）

⑨ 詩《し》を暗《あん》唱する。（　　）

⑩ 焼きそばを作《つく》る。（　　）

⑪ 月《つき》明《あ》かりが照らす。（　　）

⑫ 城下《か》町《まち》を歩《ある》く。（　　）

⑬ 大《だい》臣になる。（　　）

⑭ 正《ただ》しいと信じる。（　　）

⑮ 子《こ》犬《いぬ》が成長《ちょう》する。（　　）

⑯ 説明《せつめい》を省く。（　　）

⑰ 身《み》を清める。（　　）

⑱ 静かに本《ほん》を読《よ》む。（　　）

⑲ 自分《じぶん》の席につく。（　　）

⑳ レンガを積んだ。（　　）

漢字 5-⑦

書きのたしかめ ①

□ 次の文を読んで、□にあてはまる漢字を頭の中で思いうかべてからなぞりましょう。

① 家《いえ》を借《か》りたい。

② 手品《てじな》の種《たね》を知《し》る。

③ 家《いえ》の周《しゅう》辺《へん》を歩《ある》く。

④ 卒業《そつぎょう》を祝《いわ》う式《しき》。

⑤ 身長《しんちょう》順《じゅん》にならぶ。

⑥ 初《はつ》もうでに行《い》く。

⑦ 正月《しょうがつ》のかど松《まつ》。

⑧ にっこり笑《わら》う。

⑨ 詩《し》を暗《あん》唱《しょう》する。

⑩ 焼《や》きそばを作《つく》る。

⑪ 月明《つきあ》かりが照《て》らす。

⑫ 城《じょう》下町《かまち》を歩《ある》く。

⑬ 大《だい》臣《じん》になる。

⑭ 正《ただ》しいと信《しん》じる。

⑮ 子犬《こいぬ》が成《せい》長《ちょう》する。

⑯ 説明《せつめい》を省《はぶ》く。

⑰ 身《み》を清《きよ》める。

⑱ 静《しず》かに本《ほん》を読《よ》む。

⑲ 自分《じぶん》の席《せき》につく。

⑳ レンガを積《つ》んだ。

郵　便　は　が　き

料金受取人払郵便

大阪北局
承　認
3902

差出有効期間
2022年5月31日まで
※切手を貼らずに
お出しください。

530-8790

154

大阪市北区兎我野町15－13
ミユキビル

フォーラム・A
愛読者係　行

愛読者カード　ご購入ありがとうございます。

フリガナ		性別	男　・　女
お名前		年齢	歳
TEL FAX	(　　)	ご職業	
ご住所	〒　　－		
E-mail	@		

ご記入いただいた個人情報は、当社の出版の参考にのみ活用させていただきます。
第三者には一切開示いたしません。

□学力がアップする教材満載のカタログ送付を希望します。

●ご購入書籍・プリント名

●本書（プリント含む）を何でお知りになりましたか？（あてはまる数字に○をつけてください。）

1．書店で実物を見て
（書店名　　　　　　）

2．ネットで見て

3．広告を見て
（新聞・雑誌名　　　　　　）

4．書評・紹介記事を見て
（新聞・雑誌名　　　　　　）

5．友人・知人から紹介されて

6．その他（　　　　　　）

●本書の内容にはご満足いただけたでしょうか？（あてはまる数字に○をつけてください。）

たいへん満足　5　4　3　2　1　不満

●ご意見・ご感想、本書の内容に関してのご質問、また今後欲しい商品のアイデアがありましたら下欄にご記入ください。
おハガキをいただいた方の中から抽選で10名様に2,000円分の図書カードをプレゼントいたします。当選の発表は、賞品の発送をもってかえさせていただきます。

ご感想を小社HP等で匿名でご紹介させていただく場合もございます。　□可　□不可

小社の出版物はお近くの書店にご注文ください。　ご協力ありがとうございました。

ゴール　スタート

漢字 5-⑧

書きのたしかめ ②

□ 次の文を読んで、□にあてはまる漢字を頭の中で思いうかべてから書きましょう。

① 家《いえ》を□《か》りたい。

② 手品《てじな》の□《たね》を知《し》る。

③ 家《いえ》の□《しゅう》辺《へん》を歩《ある》く。

④ 卒業《そつぎょう》を□《いわ》う式《しき》。

⑤ 身長《しんちょう》□《じゅん》にならぶ。

⑥ □《はつ》もうでに行《い》く。

⑦ 正月《しょうがつ》のかど□《まつ》。

⑧ にっこり□《わら》う。

⑨ 詩《し》を暗《あん》□《しょう》する。

⑩ □《や》きそばを作《つく》る。

⑪ 月明《つきあ》かりが□《て》らす。

⑫ □《じょう》下町《かまち》を歩《ある》く。

⑬ 大《だい》□《じん》になる。

⑭ 正《ただ》しいと□《しん》じる。

⑮ 子犬《こいぬ》が□《せい》長《ちょう》する。

⑯ 説明《せつめい》を□《はぶ》く。

⑰ 身《み》を□《きよ》める。

⑱ □《しず》かに本《ほん》を読《よ》む。

⑲ 自分《じぶん》の□《せき》につく。

⑳ レンガを□《つ》んだ。

漢字 5-⑨

書きのたしかめ ③

□ 次の文を読んで、□にあてはまる漢字を頭の中で思いうかべてから書きましょう。

① 家《いえ》を□《か》りたい。

② 手品《てじな》の□《たね》を知《し》る。

③ 家《いえ》の□《しゅう》辺《へん》を歩《ある》く。

④ 卒業《そつぎょう》を□《いわ》う式《しき》。

⑤ 身長《しんちょう》□《じゅん》にならぶ。

⑥ □《はつ》もうでに行《い》く。

⑦ 正月《しょうがつ》のかど□《まつ》。

⑧ にっこり□《わら》う。

⑨ 詩《し》を暗《あん》□《しょう》する。

⑩ □《や》きそばを作《つく》る。

⑪ 月明《つきあ》かりが□《て》らす。

⑫ □《じょう》下町《かまち》を歩《ある》く。

⑬ 大《だい》□《じん》になる。

⑭ 正《ただ》しいと□《しん》じる。

⑮ 子犬《こいぬ》が□《せい》長《ちょう》する。

⑯ 説明《せつめい》を□《はぶ》く。

⑰ 身《み》を□《きよ》める。

⑱ □《しず》かに本《ほん》を読《よ》む。

⑲ 自分《じぶん》の□《せき》につく。

⑳ レンガを□《つ》んだ。

漢字めいろ ②

■ 正しい漢字の道を通って、スタートからゴールまで進みます。正しい漢字のみをなぞりましょう。（さらに、まちがい漢字を正しく書けたら花丸です）

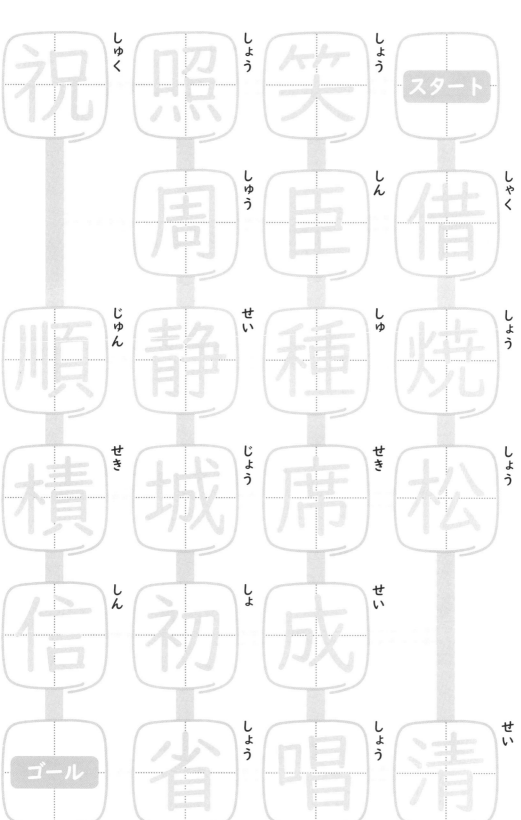

祝《しゅく》	照《しょう》	笑《しょう》	スタート
	周《しゅう》	臣《しん》	借《しゃく》
順《じゅん》	静《せい》	種《しゅ》	焼《しょう》
積《せき》	城《じょう》	席《せき》	松《しょう》
信《しん》	初《しょ》	成《せい》	
ゴール	省《しょう》	唱《しょう》	清《せい》

漢字 6-①

折・節・説・浅

□ 手本の漢字を指でなぞります。□には漢字を頭の中で思いうかべてから書きましょう。

折

音 セツ
訓 お-る　おり

右《う》折《せつ》

折《お》れ線《せん》グラフ

えだを折《お》る。

説

音 セツ
訓 と-く

説《せつ》明《めい》

小《しょう》説《せつ》

理《り》由《ゆう》を説《と》く。

節

音 セツ
訓 ふし

節《せつ》約《やく》

季《き》節《せつ》

竹《たけ》を節《ふし》で切《き》る。

浅

音 （セン）
訓 あさ-い

浅《あさ》い川《かわ》

遠《とお》浅《あさ》

浅《あさ》ましい心《こころ》。

漢字 6-②

戦・選・然・争

□ 手本の漢字を指でなぞります。□には漢字を頭の中で思いうかべてから書きましょう。

戦

音 セン
訓 たたか-う

戦《せん》争《そう》
作《さく》戦《せん》
両《りょう》チームが戦《たたか》う。

然

音 ゼン ネン
訓 —

自《し》然《ぜん》
当《とう》然《ぜん》
天《てん》然《ねん》水《すい》を飲《の》む。

選

音 セン
訓 えら-ぶ

選《せん》手《しゅ》
選《せん》挙《きょ》
委員《いいん》を選《えら》ぶ。

争

音 ソウ
訓 あらそ-う

競《きょう》争《そう》
戦《せん》争《そう》
兄《あに》と言《い》い争《あらそ》う。

漢字 6-③

倉・巣・束・側

■ 手本の漢字を指でなぞります。
□ には漢字を頭の中で思いうかべてから書きましょう。

倉

音 ソウ
訓 くら

□《そう》庫《こ》
船《ふな》□《ぐら》
□《くら》を建《た》てる。

束

音 ソク
訓 たば

約《やく》□《そく》
結《けっ》□《そく》
花《はな》□《たば》をもらう。

巣

音 （ソウ）
訓 す

鳥《とり》の□《す》
□《す》箱《ばこ》
ひなが□《す》立《だ》つ。

側

音 ソク
訓 がわ

□《そく》面《めん》
□《そっ》近《きん》
右《みぎ》□《がわ》通行《つうこう》をする。

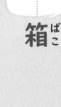

漢字 6-④

続・卒・孫・帯

■ 手本の漢字を指でなぞります。

□には漢字を頭の中で思いうかべてから書きましょう。

続

音 ゾク
訓 つづ-く

連《れん》続《ぞく》

続《ぞっ》行《こう》

夏前《なつまえ》に雨《あめ》が続《つづ》く。

孫

音 ソン
訓 まご

子《し》孫《そん》

孫《まご》ひ

孫《まご》が生《う》まれる。

卒

音 ソツ
訓 ―

卒《そつ》業《ぎょう》

卒《そつ》園式《えんしき》

卒《そつ》業式《ぎょうしき》に出《で》る。

帯

音 タイ
訓 お-びる
おび

熱《ねっ》帯《たい》

黒《くろ》帯《おび》

赤《あか》みを帯《お》びた顔《かお》。

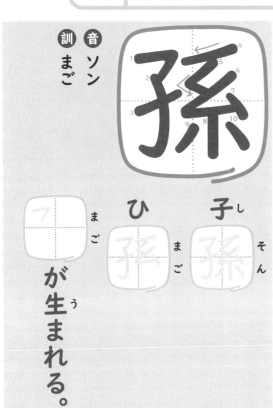

漢字 6-⑤　隊・達・単・置

□手本の漢字を指でなぞります。□には漢字を頭の中で思いうかべてから書きましょう。

隊

音　タイ
訓　―

兵《へい》□《たい》

□《たい》列《れつ》

円《えん》の□《たい》形《けい》になる。

単

音　タン
訓　―

□《たん》位《い》

□《たん》語《ご》

□《たん》調《ちょう》なリズム。

達

音　タツ
訓　―

発《はっ》□《たつ》

配《はい》□《たつ》

字《じ》が上《じょう》□《たつ》する。

置

音　チ
訓　お-く

位《い》□《ち》

配《はい》□《ち》

たなに本《ほん》を□《お》く。

漢字 6-⑥

読みのたしかめ

次の文を読んで、──を引いた漢字の読みを（　）に書きましょう。

① 紙《かみ》を折り曲《ま》げる。（　）

② 季《き》節が変《か》わる。（　）

③ 小《しょう》説を読《よ》む。（　）

④ 浅い川《かわ》をわたる。（　）

⑤ 戦国《ごく》時《じ》代《だい》を生《い》きる。（　）

⑥ 好《す》きな物《もの》を選ぶ。（　）

⑦ 自《し》然のめぐみ。（　）

⑧ 兄弟《きょうだい》で争う。（　）

⑨ 体育《たいいく》倉庫《こ》に入《はい》る。（　）

⑩ つばめの巣。（　）

⑪ 美《うつく》しい花《はな》束。（　）

⑫ 右《みぎ》側を歩《ある》く。（　）

⑬ 晴天《せいてん》が続く。（　）

⑭ 大学《だいがく》を卒業《ぎょう》する。（　）

⑮ 孫が育《そだ》つ。（　）

⑯ 熱《ねつ》を帯びた声《せい》えん。（　）

⑰ 体《たい》そうの隊形《けい》。（　）

⑱ けん道《どう》の達人《じん》。（　）

⑲ 英《えい》単語《ご》を覚《おぼ》える。（　）

⑳ かばんを置く。（　）

漢字 6-⑦

書きのたしかめ ①

■ 次の文を読んで、□にあてはまる漢字を頭の中で思いうかべてからなぞりましょう。

① 紙《かみ》を折《お》り曲《ま》げる。

② 季《き》節《せつ》が変《か》わる。

③ 小《しょう》説《せつ》を読《よ》む。

④ 浅《あさ》い川《かわ》をわたる。

⑤ 戦《せん》国時代《ごくじだい》を生《い》きる。

⑥ 好《す》きな物《もの》を選《えら》ぶ。

⑦ 自《し》然《ぜん》のめぐみ。

⑧ 兄弟《きょうだい》で争《あらそ》う。

⑨ 体育《たいいく》倉《そう》庫《こ》に入《はい》る。

⑩ つばめの巣《す》。

⑪ 美《うつく》しい花《はな》束《たば》。

⑫ 右《みぎ》側《がわ》を歩《ある》く。

⑬ 晴天《せいてん》が続《つづ》く。

⑭ 大学《だいがく》を卒《そつ》業《ぎょう》する。

⑮ 孫《まご》が育《そだ》つ。

⑯ 熱《ねつ》を帯《お》びた声《せい》えん。

⑰ 体《たい》そうの隊《たい》形《けい》。

⑱ けん道《どう》の達《たつ》人《じん》。

⑲ 英《えい》単《たん》語《ご》を覚《おぼ》える。

⑳ かばんを置《お》く。

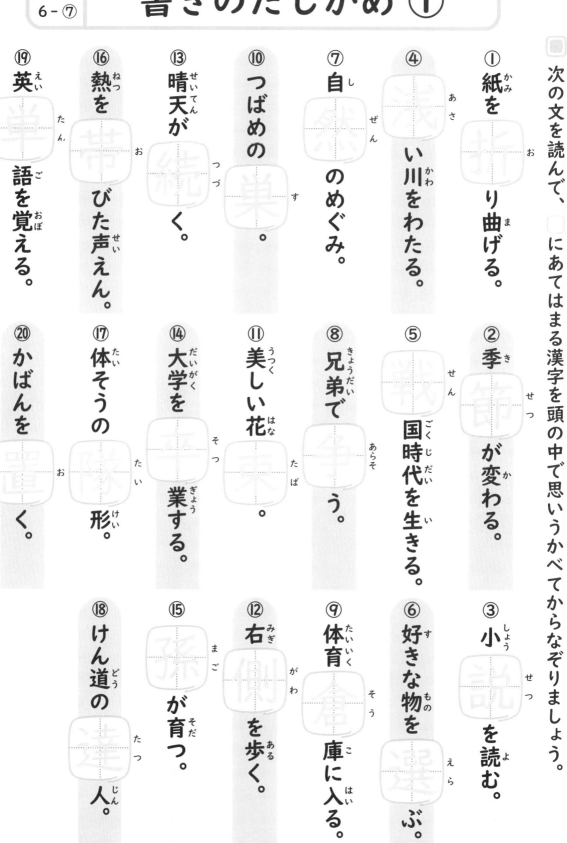

ゴール　スタート

漢字 6-⑧

書きのたしかめ ②

□ 次の文を読んで、□にあてはまる漢字を頭の中で思いうかべてから書きましょう。

① 紙《かみ》を□《お》り曲《ま》げる。

② 季《き》□《せつ》が変《か》わる。

③ 小《しょう》□《せつ》を読《よ》む。

④ □《あさ》い川《かわ》をわたる。

⑤ □《せん》国時代《ごくじだい》を生《い》きる。

⑥ 好《す》きな物《もの》を□《えら》ぶ。

⑦ 自《し》□《ぜん》のめぐみ。

⑧ 兄弟《きょうだい》で□《あらそ》う。

⑨ 体育《たいいく》□《そう》庫《こ》に入《はい》る。

⑩ つばめの□《す》。

⑪ 美《うつく》しい花《はな》□《たば》。

⑫ 右《みぎ》□《がわ》を歩《ある》く。

⑬ 晴天《せいてん》が□《つづ》く。

⑭ 大学《だいがく》を□《そつ》業《ぎょう》する。

⑮ □《まご》が育《そだ》つ。

⑯ 熱《ねつ》を□《お》びた声《せい》えん。

⑰ 体《たい》そうの□《たい》形《けい》。

⑱ けん道《どう》の□《たつ》人《じん》。

⑲ 英《えい》□《たん》語《ご》を覚《おぼ》える。

⑳ かばんを□《お》く。

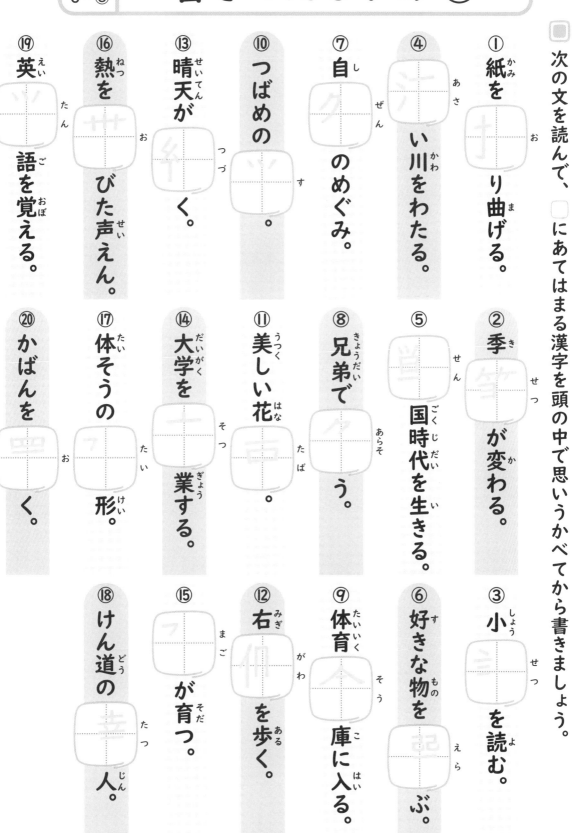

漢字 6-⑨

書きのたしかめ ③

□ 次の文を読んで、□にあてはまる漢字を頭の中で思いうかべてから書きましょう。

① 紙《かみ》を□《お》り曲《ま》げる。

② 季《き》□《せつ》が変《か》わる。

③ 小《しょう》□《せつ》を読《よ》む。

④ □《あさ》い川《かわ》をわたる。

⑤ □《せん》国《ごく》時《じ》代《だい》を生《い》きる。

⑥ 好《す》きな物《もの》を□《えら》ぶ。

⑦ 自《し》□《ぜん》のめぐみ。

⑧ 兄弟《きょうだい》で□《あらそ》う。

⑨ 体育《たいいく》□《そう》庫《こ》に入《はい》る。

⑩ つばめの□《す》。

⑪ 美《うつく》しい花《はな》□《たば》。

⑫ 右《みぎ》□《がわ》を歩《ある》く。

⑬ 晴天《せいてん》が□《つづ》く。

⑭ 大学《だいがく》を□《そつ》業《ぎょう》する。

⑮ □《まご》が育《そだ》つ。

⑯ 熱《ねつ》を□《お》びた声《せい》えん。

⑰ 体《たい》そうの□《たい》形《けい》。

⑱ けん道《どう》の□《たつ》人《じん》。

⑲ 英《えい》□《たん》語《ご》を覚《おぼ》える。

⑳ かばんを□《お》く。

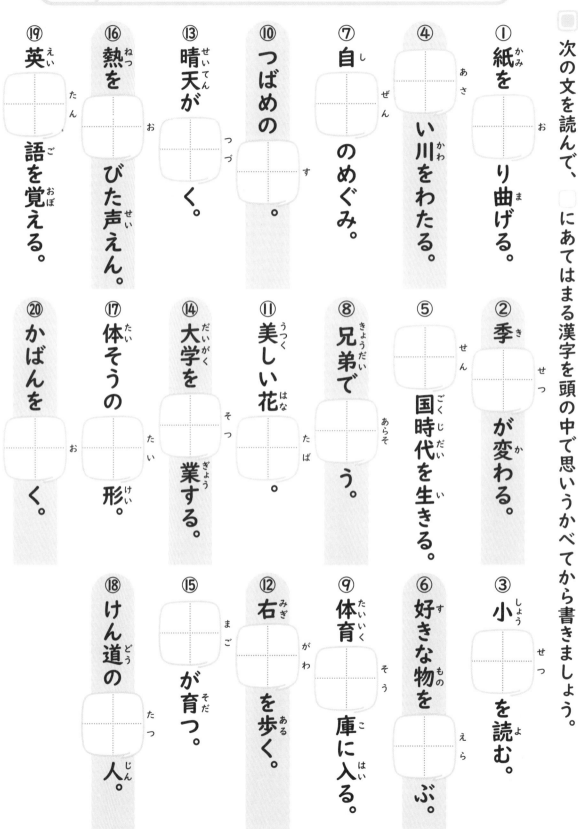

漢字 6-⑩

正しい漢字みつけ！②

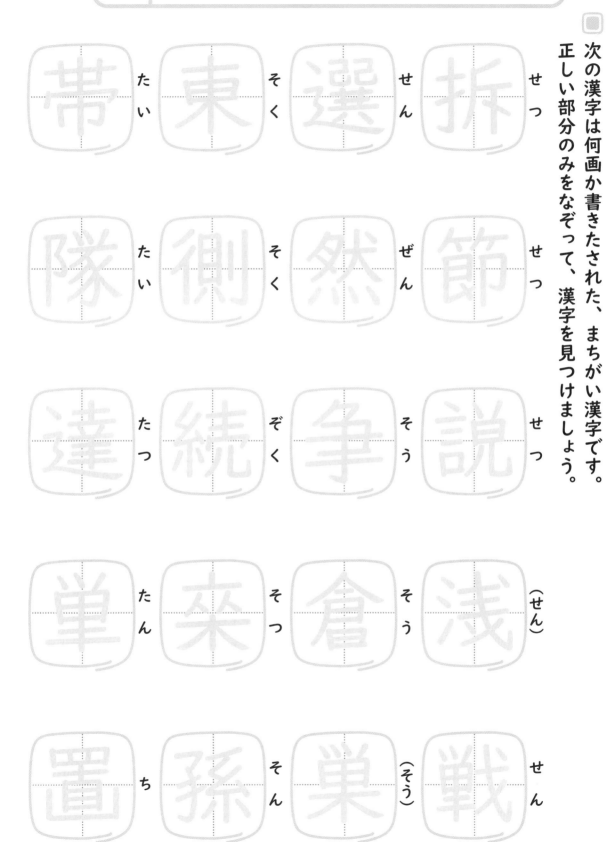

□ 次の漢字は何画か書きたされた、まちがい漢字です。正しい部分のみをなぞって、漢字を見つけましょう。

折《せつ》 節《せつ》 説《せつ》 浅（せん） 戦《せん》

選《せん》 然《ぜん》 争《そう》 倉《そう》 巣（そう）

束《そく》 側《そく》 続《ぞく》 卒《そつ》 孫《そん》

帯《たい》 隊《たい》 達《たつ》 単《たん》 置《ち》

漢字 7-① 仲・兆・低・底

手本の漢字を指でなぞります。□には漢字を頭の中で思いうかべてから書きましょう。

仲

音（チュウ）
訓 なか

□《なか》良《よ》し

□《なか》間《ま》

□《なか》直《なお》りできた。

低

音 テイ
訓 ひく-い

□《てい》学年《がくねん》

最《さい》□《てい》

温度《おんど》が□《ひく》い。

兆

音 チョウ
訓 —

一《いっ》□《ちょう》円《えん》

前《ぜん》□《ちょう》

かぜの□《ちょう》候《こう》。

底

音 テイ
訓 そこ

海《かい》□《てい》

□《てい》辺《へん》

き機《き》に出《だ》す□《そこ》力《ぢから》。

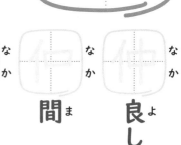

漢字 7-②

的・典・伝・徒

□ 手本の漢字を指でなぞります。□には漢字を頭の中で思いうかべてから書きましょう。

的

音 テキ
訓 まと

目《もく》的《てき》

積極《せっきょく》的《てき》

的《まと》外《はず》れな意見《いけん》。

伝

音 デン
訓 つた-わる

伝《でん》言《ごん》

伝《でん》記《き》

音《おと》が伝《つた》わる。

典

音 テン
訓 —

辞《じ》典《てん》

典《てん》型的《けいてき》

百科事《ひゃっかじ》典《てん》。

徒

音 ト
訓 —

生《せい》徒《と》

徒《と》競走《きょうそう》

徒《と》歩《ほ》で行《い》く道《みち》。

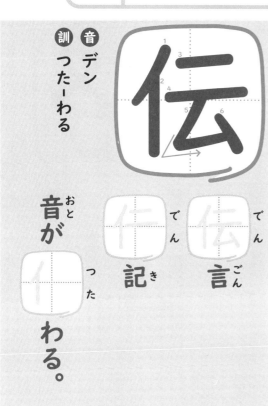

漢字 7-③ 努・灯・働・特

手本の漢字を指でなぞります。

□には漢字を頭の中で思いうかべてから書きましょう。

努

音 ド

訓 つと-める

□《ど》力《りょく》

□《ど》力《りょく》家《か》

勉学《べんがく》に□《つと》める。

働

音 ドウ

訓 はたら-く

労《ろう》□《どう》

実《じっ》□《どう》

工場《こうじょう》で□《はたら》く。

灯

音 トウ

訓 ―

電《でん》□《とう》

□《とう》台《だい》

街《がい》□《とう》がともる。

特

音 トク

訓 ―

□《とく》別《べつ》

□《とっ》急《きゅう》

□《とく》集《しゅう》記《き》事《じ》を読《よ》む。

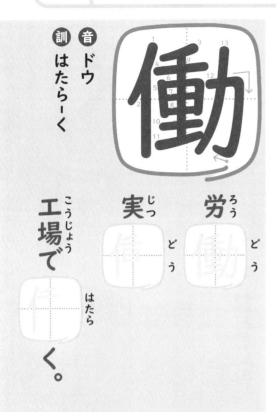

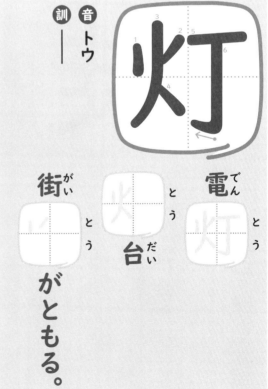

漢字 7-④ 徳・熱・念・敗

■手本の漢字を指でなぞります。
□には漢字を頭の中で思いうかべてから書きましょう。

徳

音 トク
訓 ―

道《どう》□《とく》
美《び》□《とく》
□《とく》の高《たか》い人《ひと》。

念

音 ネン
訓 ―

記《き》□《ねん》
信《しん》□《ねん》
残《ざん》□《ねん》な結果《けっか》。

熱

音 ネツ
訓 あつ-い

□《ねっ》意《い》
□《ねっ》心《しん》
□《あつ》いお茶《ちゃ》を飲《の》む。

敗

音 ハイ
訓 やぶ-れる

失《しっ》□《ぱい》
勝《しょう》□《はい》
戦《たたか》いに□《やぶ》れる。

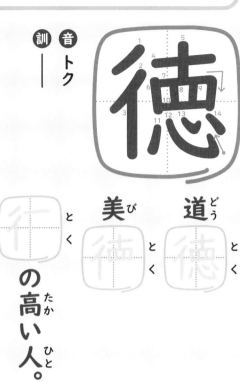

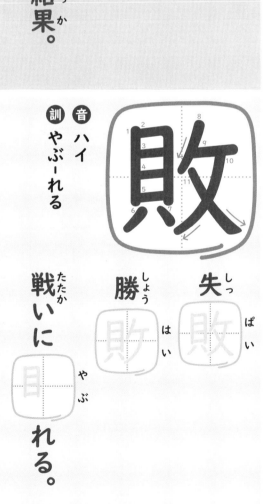

漢字 7-⑤ 梅・博・飯・飛

□手本の漢字を指でなぞります。□には漢字を頭の中で思いうかべてから書きましょう。

梅

音 バイ
訓 うめ

梅《ばい》林《りん》

梅《つ》雨《ゆ》

特別《とくべつ》な読み方のじゅく語だよ。

梅《うめ》ぼしを食《た》べる。

飯

音 ハン
訓 めし

夕《ゆう》飯《はん》

赤《せき》飯《はん》

にぎり飯《めし》の具《ぐ》。

博

音 ハク
訓 —

博《はく》物館《ぶつかん》

博《はか》士《せ》

特別《とくべつ》な読み方のじゅく語だよ。

博《はく》学《がく》な人《ひと》の話《はなし》。

飛

音 ヒ
訓 と-ぶ

飛《ひ》行《こう》機《き》

飛《ひ》散《さん》

鳥《とり》が飛《と》ぶ音《おと》。

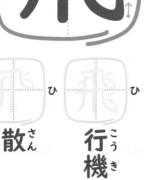

ゴール　スタート

漢字 7-⑥

読みのたしかめ

□ 次の文を読んで、——を引いた漢字の読みを（　）に書きましょう。

① 仲がいい姉妹《しまい》。（　）

② 一《いっ》兆円《えん》をかせぐ。（　）

③ せの低いイス。（　）

④ 海《うみ》の底が見《み》える。（　）

⑤ 積極《せっきょく》的に話《はな》す。（　）

⑥ 国語《こくご》辞《じ》典を引《ひ》く。（　）

⑦ うわさが伝わる。（　）

⑧ 徒競走《きょうそう》のタイム。（　）

⑨ サービスに努める。（　）

⑩ 灯油《ゆ》を使《つか》う。（　）

⑪ 会社《かいしゃ》で働く。（　）

⑫ 特急電車《きゅうでんしゃ》に乗《の》る。（　）

⑬ 道《どう》徳の授業《じゅぎょう》。（　）

⑭ 熱いふろに入《はい》る。（　）

⑮ 負《ま》けて残《ざん》念だ。（　）

⑯ 決勝戦《けっしょうせん》で敗れる。（　）

⑰ 梅雨《う》前線《ぜんせん》。（　）

⑱ 博物館《ぶつかん》に行《い》く。（　）

⑲ ばん飯を作《つく》る。（　）

⑳ 飛行機《こうき》に乗《の》る。（　）

ゴール　スタート

漢字 7-⑦

書きのたしかめ ①

□ 次の文を読んで、□にあてはまる漢字を頭の中で思いうかべてからなぞりましょう。

① 仲《なか》がいい姉妹《しまい》。

② 一《いっ》兆《ちょう》円《えん》をかせぐ。

③ せの低《ひく》いイス。

④ 海《うみ》の底《そこ》が見《み》える。

⑤ 積極《せっきょく》的《てき》に話《はな》す。

⑥ 国語辞《こくごじ》典《てん》を引《ひ》く。

⑦ うわさが伝《つた》わる。

⑧ 徒《と》競走《きょうそう》のタイム。

⑨ サービスに努《つと》める。

⑩ 灯《とう》油《ゆ》を使《つか》う。

⑪ 会社《かいしゃ》で働《はたら》く。

⑫ 特《とっ》急電車《きゅうでんしゃ》に乗《の》る。

⑬ 道《どう》徳《とく》の授業《じゅぎょう》。

⑭ 熱《あつ》いふろに入《はい》る。

⑮ 負《ま》けて残《ざん》念《ねん》だ。

⑯ 決勝戦《けっしょうせん》で敗《やぶ》れる。

⑰ 梅《ばい》雨前線《うぜんせん》。

⑱ 博《はく》物館《ぶつかん》に行《い》く。

⑲ ばん飯《めし》を作《つく》る。

⑳ 飛《ひ》行機《こうき》に乗《の》る。

漢字 7-⑧

書きのたしかめ②

次の文を読んで、□にあてはまる漢字を頭の中で思いうかべてから書きましょう。

① □《なか》がいい姉妹《しまい》。

② 一《いっ》□《ちょう》円《えん》をかせぐ。

③ せの□《ひく》いイス。

④ 海《うみ》の□《そこ》が見《み》える。

⑤ 積極《せっきょく》□《てき》に話《はな》す。

⑥ 国語辞《こくごじ》□《てん》を引《ひ》く。

⑦ うわさが□《つた》わる。

⑧ □《と》競走《きょうそう》のタイム。

⑨ サービスに□《つと》める。

⑩ □《とう》油《ゆ》を使《つか》う。

⑪ 会社《かいしゃ》で□《はたら》く。

⑫ □《とっ》急電車《きゅうでんしゃ》に乗《の》る。

⑬ 道《どう》□《とく》の授業《じゅぎょう》。

⑭ □《あつ》いふろに入《はい》る。

⑮ 負《ま》けて残《ざん》□《ねん》だ。

⑯ 決勝戦《けっしょうせん》で□《やぶ》れる。

⑰ □《ばい》雨前線《うぜんせん》。

⑱ □《はく》物館《ぶつかん》に行《い》く。

⑲ ばん□《めし》を作《つく》る。

⑳ □《ひ》行機《こうき》に乗《の》る。

漢字 7-⑨

書きのたしかめ ③

□ 次の文を読んで、□にあてはまる漢字を頭の中で思いうかべてから書きましょう。

① □《なか》がいい姉妹《しまい》。

② 一《いっ》□《ちょう》円《えん》をかせぐ。

③ せの□《ひく》いイス。

④ 海《うみ》の□《そこ》が見《み》える。

⑤ 積極《せっきょく》□《てき》に話《はな》す。

⑥ 国語辞《こくごじ》□《てん》を引《ひ》く。

⑦ うわさが□《つた》わる。

⑧ □《と》競走《きょうそう》のタイム。

⑨ サービスに□《つと》める。

⑩ □《とう》油《ゆ》を使《つか》う。

⑪ 会社《かいしゃ》で□《はたら》く。

⑫ □《とっ》急電車《きゅうでんしゃ》に乗《の》る。

⑬ 道《どう》□《とく》の授業《じゅぎょう》。

⑭ □《あつ》いふろに入《はい》る。

⑮ 負《ま》けて残《ざん》□《ねん》だ。

⑯ 決勝戦《けっしょうせん》で□《やぶ》れる。

⑰ □《ばい》雨前線《うぜんせん》。

⑱ □《はく》物館《ぶつかん》に行《い》く。

⑲ ばん□《めし》を作《つく》る。

⑳ □《ひ》行機《こうき》に乗《の》る。

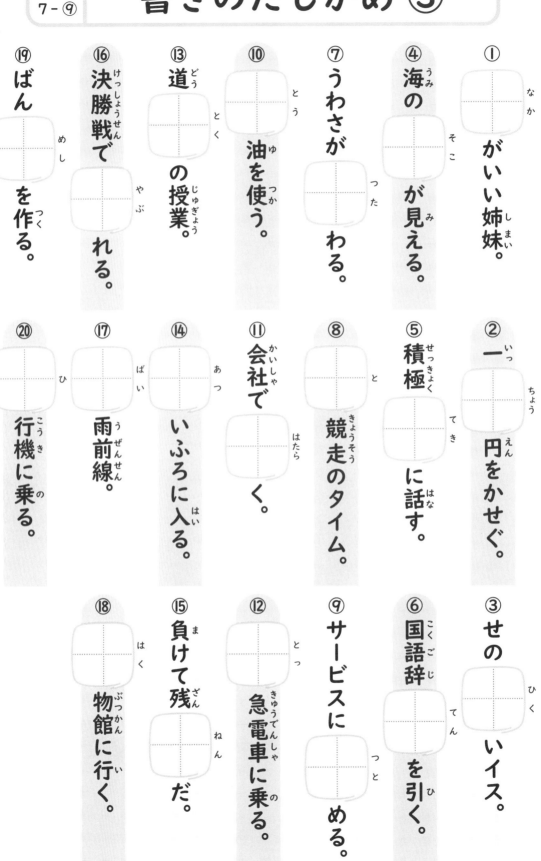

漢字 7-⑩

漢字みつけ！③

次の図の中から、今回学習した漢字を二十字見つけましょう。
見つけた漢字はなぞりましょう。

漢字 8-① 必・票・標・不

□手本の漢字を指でなぞります。□には漢字を頭の中で思いうかべてから書きましょう。

必

音 ヒツ
訓 かならーず

必《ひつ》要《よう》

必《ひっ》死《し》

必《かなら》ず行《い》くと約束《やくそく》。

標

音 ヒョウ
訓 ―

標《ひょう》語《ご》

標《ひょう》本《ほん》

目《もく》標《ひょう》を達成《たっせい》する。

票

音 ヒョウ
訓 ―

投《とう》票《ひょう》

開《かい》票《ひょう》

票《ひょう》数《すう》が多《おお》い。

不

音 フ ブ
訓 ―

不《ふ》安《あん》

不《ふ》幸《こう》

水《みず》不《ぶ》足《そく》になる。

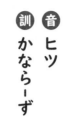

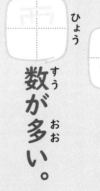

漢字 8-②

夫・付・副・兵

手本の漢字を指でなぞります。□には漢字を頭の中で思いうかべてから書きましょう。

夫

音 フ

訓 おっと

□《ふ》人《じん》

農《のう》□《ふ》

□《おっと》とつま。

副

音 フク

訓 ―

□《ふく》会長《かいちょう》

□《ふく》業《ぎょう》

□《ふく》委員長《いいんちょう》になる。

付

音 フ

訓 つ-く　つ-ける

□《ふ》近《きん》

受《うけ》□《つけ》

ごみが□《つ》く。

兵

音 ヘイ　ヒョウ

訓 ―

□《へい》士《し》

水《すい》□《へい》

□《ひょう》庫県《ごけん》に住《す》む。

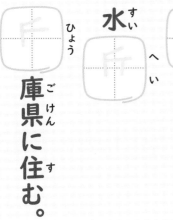

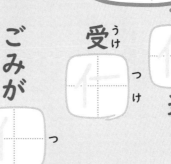

漢字 8-③

別・辺・変・便

□ 手本の漢字を指でなぞります。

□ には漢字を頭の中で思いうかべてから書きましょう。

別

音 ベツ

訓 わか-れる

特《とく》別《べっ》

送《そう》別《べつ》会《かい》

友《とも》と別《わか》れる。

変

音 ヘン

訓 か-わる

変《へん》化《か》

変《へん》色《しょく》

信号《しんごう》が変《か》わる。

辺

音 ヘン

訓 あた-り

べ

辺《あた》り

水《みず》辺《べ》

二等《にとう》辺《へん》三角形《さんかくけい》。

便

音 ベン

ビン

訓 たよ-り

便《べん》利《り》

ゆう便《びん》

学級《がっきゅう》便《だよ》り。

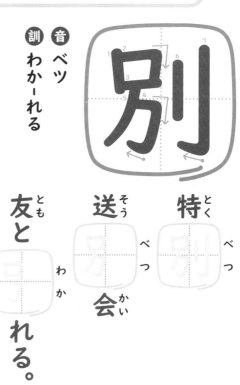

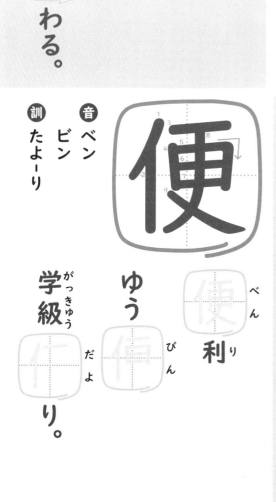

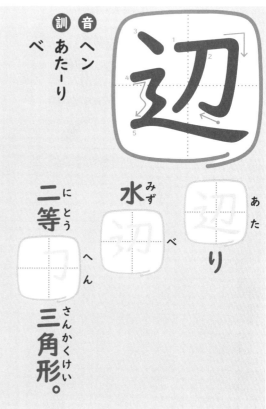

包・法・望・牧

■ 手本の漢字を指でなぞります。

□には漢字を頭の中で思いうかべてから書きましょう。

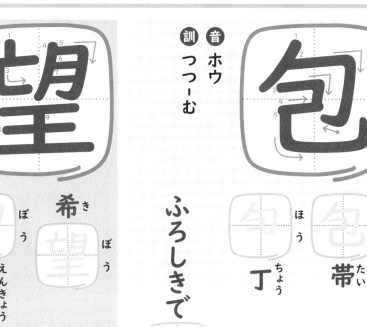

包

音 ホウ

訓 つつ-む

包《ほう》帯《たい》

□《ほう》丁《ちょう》

ふろしきで□《つつ》む。

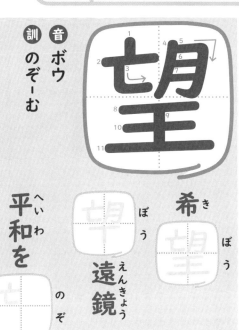

望

音 ボウ

訓 のぞ-む

希《き》望《ぼう》

□《ぼう》遠《えん》鏡《きょう》

平《へい》和《わ》を□《のぞ》む声《こえ》。

法

音 ホウ

訓 ―

方《ほう》法《ほう》

□《ほう》学《がく》部《ぶ》

日《に》本《ほん》語《ご》の文《ぶん》□《ぽう》。

牧

音 ボク

訓 ―

牧《ぼく》場《じょう》

□《ぼく》草《そう》

羊《ひつじ》の放《ほう》□《ぼく》地《ち》。

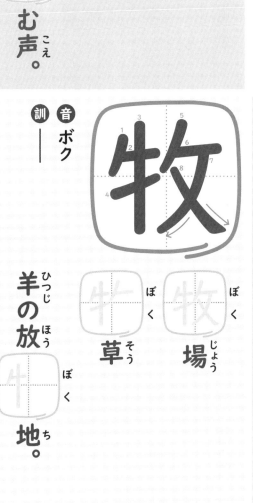

漢字 8-⑤

末・満・未・民

□手本の漢字を指でなぞります。□には漢字を頭の中で思いうかべてから書きましょう。

末

音 マツ
訓 すえ

年《ねん》□《まつ》

結《けっ》□《まつ》

□《すえ》っ子《こ》の長男《ちょうなん》。

未

音 ミ
訓 ―

□《み》来《らい》

□《み》満《まん》

□《み》知《ち》の世界《せかい》。

満

音 マン
訓 み-ちる

□《まん》足《ぞく》

□《まん》点《てん》

月《つき》が□《み》ちる夜《よる》。

民

音 ミン
訓 ―

市《し》□《みん》

□《みん》家《か》

□《みん》話《わ》を読《よ》む。

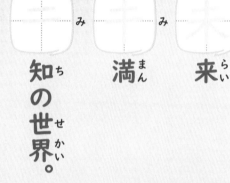

ゴール　スタート

漢字 8-⑥

読みのたしかめ

次の文を読んで、——を引いた漢字の読みを（　）に書きましょう。

① 必ずやりとげる。（　）

② 票を集《あつ》める。（　）

③ 目《もく》標を立《た》てる。（　）

④ 不公平《こうへい》をなくす。（　）

⑤ やさしい夫。（　）

⑥ 服《ふく》に血《ち》が付く。（　）

⑦ 主食《しゅしょく》と副食《しょく》。（　）

⑧ 兵庫《ご》県《けん》神戸《こうべ》市《し》。（　）

⑨ 悲《かな》しい別れ。（　）

⑩ 辺りを見回《みまわ》す。（　）

⑪ 雨《あめ》が雪《ゆき》に変わる。（　）

⑫ ゆう便を出《だ》す。（　）

⑬ 新聞紙《しんぶんし》で包む。（　）

⑭ 法案《あん》が通《とお》る。（　）

⑮ 山《やま》から町《まち》を望む。（　）

⑯ 牧場《じょう》に行《い》く。（　）

⑰ 物語《ものがたり》の結《けつ》末。（　）

⑱ 自信《じしん》に満ちる。（　）

⑲ 未完成《かんせい》の小説《しょうせつ》。（　）

⑳ 民宿《しゅく》にとまる。（　）

漢字 8-⑦

書きのたしかめ ①

次の文を読んで、□にあてはまる漢字を頭の中で思いうかべてからなぞりましょう。

① 必《かなら》ずやりとげる。

② 票《ひょう》を集《あつ》める。

③ 目《もく》標《ひょう》を立《た》てる。

④ 不《ふ》公平《こうへい》をなくす。

⑤ やさしい夫《おっと》。

⑥ 服《ふく》に血《ち》が付《つ》く。

⑦ 主食《しゅしょく》と副《ふく》食《しょく》。

⑧ 兵《ひょう》庫《ご》県《けん》神戸《こうべ》市《し》。

⑨ 悲《かな》しい別《わか》れ。

⑩ 辺《あた》りを見回《みまわ》す。

⑪ 雨《あめ》が雪《ゆき》に変《か》わる。

⑫ ゆう便《びん》を出《だ》す。

⑬ 新聞紙《しんぶんし》で包《つつ》む。

⑭ 法《ほう》案《あん》が通《とお》る。

⑮ 山《やま》から町《まち》を望《のぞ》む。

⑯ 牧《ぼく》場《じょう》に行《い》く。

⑰ 物語《ものがたり》の結《けつ》末《まつ》。

⑱ 自信《じしん》に満《み》ちる。

⑲ 未《み》完成《かんせい》の小説《しょうせつ》。

⑳ 民《みん》宿《しゅく》にとまる。

書きのたしかめ ②

■ 次の文を読んで、□にあてはまる漢字を頭の中で思いうかべてから書きましょう。

① □《かなら》ずやりとげる。

② □《ひょう》を集《あつ》める。

③ 目《もく》□《ひょう》を立《た》てる。

④ □《ふ》公平《こうへい》をなくす。

⑤ やさしい□《おっと》。

⑥ 服《ふく》に血《ち》が□《つ》く。

⑦ 主食《しゅしょく》と□《ふく》食《しょく》。

⑧ □《ひょう》庫《ご》県《けん》神戸《こうべ》市《し》。

⑨ 悲《かな》しい□《わか》れ。

⑩ □《あた》りを見回《みまわ》す。

⑪ 雨《あめ》が雪《ゆき》に□《か》わる。

⑫ ゆう□《びん》を出《だ》す。

⑬ 新聞紙《しんぶんし》で□《つつ》む。

⑭ □《ほう》案《あん》が通《とお》る。

⑮ 山《やま》から町《まち》を□《のぞ》む。

⑯ □《ぼく》場《じょう》に行《い》く。

⑰ 物語《ものがたり》の結《けつ》□《まつ》。

⑱ 自信《じしん》に□《み》ちる。

⑲ □《み》完成《かんせい》の小説《しょうせつ》。

⑳ □《みん》宿《しゅく》にとまる。

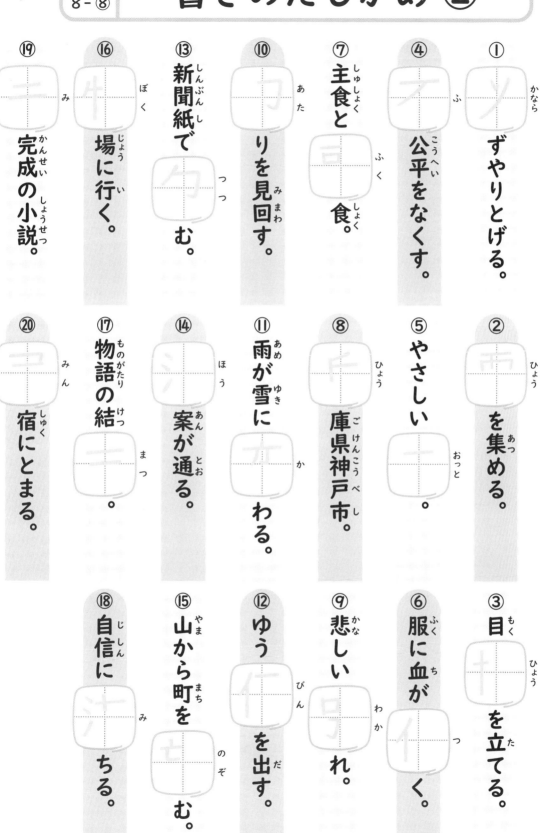

漢字 8-⑨

書きのたしかめ③

次の文を読んで、□にあてはまる漢字を頭の中で思いうかべてから書きましょう。

① □《かなら》ずやりとげる。

② □《ひょう》を集《あつ》める。

③ 目《もく》□《ひょう》を立《た》てる。

④ □《ふ》公平《こうへい》をなくす。

⑤ やさしい□《おっと》。

⑥ 服《ふく》に血《ち》が□《つ》く。

⑦ 主食《しゅしょく》と□《ふく》食《しょく》。

⑧ □《ひょう》庫県神戸市《ごけんこうべし》。

⑨ 悲《かな》しい□《わか》れ。

⑩ □《あた》りを見回《みまわ》す。

⑪ 雨《あめ》が雪《ゆき》に□《か》わる。

⑫ ゆう□《びん》を出《だ》す。

⑬ 新聞紙《しんぶんし》で□《つつ》む。

⑭ □《ほう》案《あん》が通《とお》る。

⑮ 山《やま》から町《まち》を□《のぞ》む。

⑯ □《ぼく》場《じょう》に行《い》く。

⑰ 物語《ものがたり》の結《けつ》□《まつ》。

⑱ 自信《じしん》に□《み》ちる。

⑲ □《み》完成《かんせい》の小説《しょうせつ》。

⑳ □《みん》宿《しゅく》にとまる。

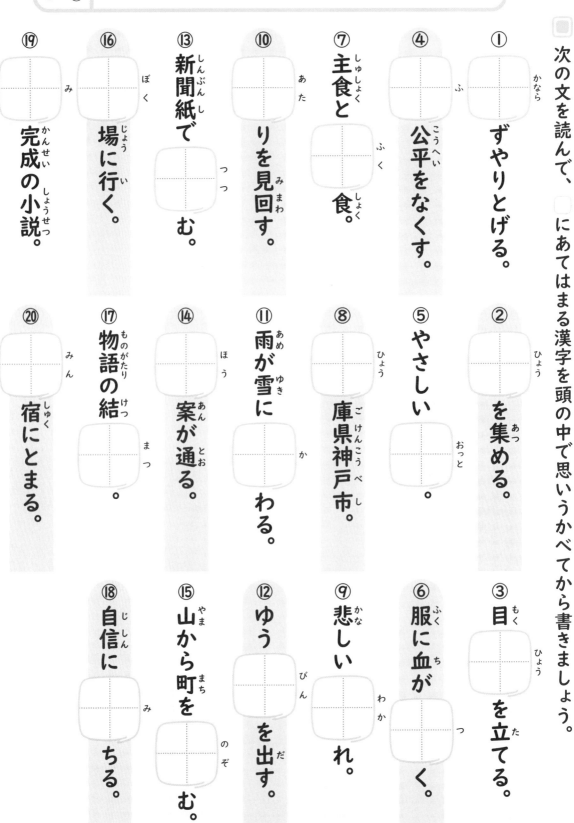

漢字 8-⑩

漢字めいろ ③

■ 正しい漢字の道を通って、スタートからゴールまで進みます。正しい漢字のみをなぞりましょう。（さらに、まちがい漢字を正しく書けたら花丸です）

末《まつ》	夫《ふ》	必《ひつ》	スタート
不《ふ》	民《みん》	耒《み》	票《ひょう》
兵《へい》	便《べん》	別《べつ》	
辺《へん》	法《ほう》	標《ひょう》	副《ふく》
満《まん》		付《ふ》	変《へん》
ゴール	包《ほう》	望《ぼう》	牧《ぼく》

漢字 9-①

無・約・勇・要

□手本の漢字を指でなぞります。□には漢字を頭の中で思いうかべてから書きましょう。

無

音 ム ブ
訓 な-い

無《む》理《り》

無《ぶ》事《じ》

お金《かね》が無《な》い。

勇

音 ユウ
訓 いさ-む

勇《ゆう》気《き》

勇《いさ》む

勇《いさ》ましい音楽《おんがく》。

約

音 ヤク
訓 ―

約《やく》束《そく》

予《よ》約《やく》

約《やく》十《じゅう》グラム。

要

音 ヨウ
訓 かなめ

重《じゅう》要《よう》

要《よう》点《てん》

柱《はしら》の要《かなめ》の部分《ぶぶん》。

漢字 9-②

養・浴・利・陸

手本の漢字を指でなぞります。

□には漢字を頭の中で思いうかべてから書きましょう。

養

音 ヨウ

訓 やしな-う

栄《えい》□《よう》

休《きゅう》□《よう》

家《か》族《ぞく》を□《やしな》う。

利

音 リ

訓 ―

□《り》用《よう》

勝《しょう》□《り》

便《べん》□《り》な道《どう》具《ぐ》。

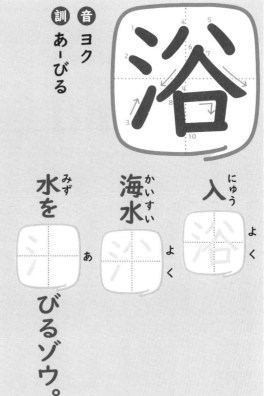

浴

音 ヨク

訓 あ-びる

入《にゅう》□《よく》

海《かい》水《すい》□《よく》

水《みず》を□《あ》びるゾウ。

陸

音 リク

訓 ―

□《りく》上《じょう》部《ぶ》

□《りっ》橋《きょう》

アフリカ大《たい》□《りく》。

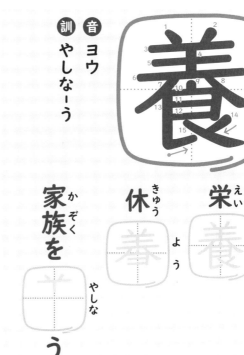

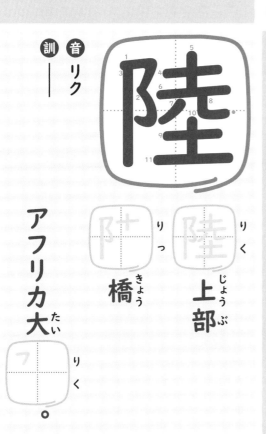

漢字 9-③

良・料・量・輪

□手本の漢字を指でなぞります。
□には漢字を頭の中で思いうかべてから書きましょう。

良

音 リョウ
訓 よ-い

□《りょう》心《しん》
改《かい》□《りょう》
□《よ》い行《おこな》いをする。

量

音 リョウ
訓 はか-る

大《たい》□《りょう》
雨《う》□《りょう》
体重《たいじゅう》を□《はか》る。

料

音 リョウ
訓 ―

□《りょう》金《きん》
材《ざい》□《りょう》
□《りょう》理《り》を作《つく》る仕事《しごと》。

輪

音 リン
訓 わ

車《しゃ》□《りん》
年《ねん》□《りん》
□《わ》ゴムをかける。

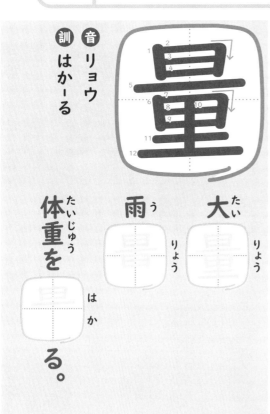

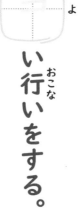

漢字 9-④ 類・令・冷・例

手本の漢字を指でなぞります。□には漢字を頭の中で思いうかべてから書きましょう。

類

音 ルイ
訓 たぐ-い

書《しょ》類《るい》

人《じん》類《るい》

類《たぐ》いまれな力《ちから》。

冷

音 レイ
訓 つめ-たい　ひ-やす　ひ-やかす　さ-ます

冷《れい》静《せい》

冷《つめ》たい

湯《ゆ》を冷《さ》ます。

令

音 レイ
訓 ―

令《れい》和《わ》

命《めい》令《れい》

通信指《つうしんし》令《れい》室《しつ》。

例

音 レイ
訓 たと-える

例《れい》外《がい》

文《ぶん》例《れい》

例《たと》え話《ばなし》が上手《うま》い。

漢字 9-⑤

連・老・労・録

□ 手本の漢字を指でなぞります。□には漢字を頭の中で思いうかべてから書きましょう。

連

音 レン
訓 つら-なる
つ-れる

□《れん》続《ぞく》

□《れん》休《きゅう》

山《やま》が□《つら》なる。

労

音 ロウ
訓 —

苦《く》□《ろう》

□《ろう》働《どう》

□《ろう》力《りょく》をおしむ。

老

音 ロウ
訓 お-いる

□《ろう》人《じん》

□《ろう》後《ご》

□《お》いる事《こと》を喜《よろこ》ぶ。

録

音 ロク
訓 —

記《き》□《ろく》

□《ろく》音《おん》

番組《ばんぐみ》を□《ろく》画《が》する。

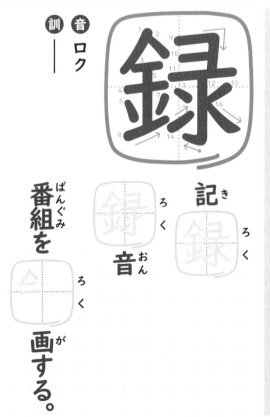

読みのたしかめ

□ 次の文を読んで、――を引いた漢字の読みを（　）に書きましょう。

①さいふが無い。

②約束《そく》を守《まも》る。

③勇ましい人《ひと》たち。

④要点《てん》をまとめる。

⑤親《おや》が子《こ》を養う。

⑥夕《ゆう》日《ひ》を浴びる。

⑦電《でん》車《しゃ》を利用《よう》する。

⑧陸上《じょう》部《ぶ》に入《はい》る。

⑨天《てん》気《き》が良い。

⑩送《そう》料をはらう。

⑪重《おも》さを量る。

⑫輪になっておどる。

⑬書《しょ》類を作《つく》る。

⑭号《ごう》令をかける。

⑮熱《あつ》い鉄《てつ》を冷ます。

⑯例文《ぶん》を読《よ》む。

⑰車《くるま》が連なる。

⑱父《ふ》母《ぼ》が老いる。

⑲苦《く》労をする。

⑳歌《うた》声《ごえ》を録音《おん》する。

ゴール　スタート

漢字 9-⑦

書きのたしかめ ①

次の文を読んで、□にあてはまる漢字を頭の中で思いうかべてからなぞりましょう。

① さいふが無《な》い。

② 約《やく》束《そく》を守《まも》る。

③ 勇《いさ》ましい人《ひと》たち。

④ 要《よう》点《てん》をまとめる。

⑤ 親《おや》が子《こ》を養《やしな》う。

⑥ 夕日《ゆうひ》を浴《あ》びる。

⑦ 電車《でんしゃ》を利《り》用《よう》する。

⑧ 陸《りく》上部《じょうぶ》に入《はい》る。

⑨ 天気《てんき》が良《よ》い。

⑩ 送《そう》料《りょう》をはらう。

⑪ 重《おも》さを量《はか》る。

⑫ 輪《わ》になっておどる。

⑬ 書《しょ》類《るい》を作《つく》る。

⑭ 号《ごう》令《れい》をかける。

⑮ 熱《あつ》い鉄《てつ》を冷《さ》ます。

⑯ 例《れい》文《ぶん》を読《よ》む。

⑰ 車《くるま》が連《つら》なる。

⑱ 父母《ふぼ》が老《お》いる。

⑲ 苦《く》労《ろう》をする。

⑳ 歌声《うたごえ》を録《ろく》音《おん》する。

漢字 9-⑧

書きのたしかめ ②

次の文を読んで、□にあてはまる漢字を頭の中で思いうかべてから書きましょう。

① さいふが□《な》い。

② □《やく》束《そく》を守《まも》る。

③ □《いさ》ましい人《ひと》たち。

④ □《よう》点《てん》をまとめる。

⑤ 親《おや》が子《こ》を□《やしな》う。

⑥ 夕日《ゆうひ》を□《あ》びる。

⑦ 電車《でんしゃ》を□《り》用《よう》する。

⑧ □《りく》上部《じょうぶ》に入《はい》る。

⑨ 天気《てんき》が□《よ》い。

⑩ 送《そう》□《りょう》をはらう。

⑪ 重《おも》さを□《はか》る。

⑫ □《わ》になっておどる。

⑬ 書《しょ》□《るい》を作《つく》る。

⑭ 号《ごう》□《れい》をかける。

⑮ 熱《あつ》い鉄《てつ》を□《さ》ます。

⑯ □《れい》文《ぶん》を読《よ》む。

⑰ 車《くるま》が□《つら》なる。

⑱ 父母《ふぼ》が□《お》いる。

⑲ 苦《く》□《ろう》をする。

⑳ 歌声《うたごえ》を□《ろく》音《おん》する。

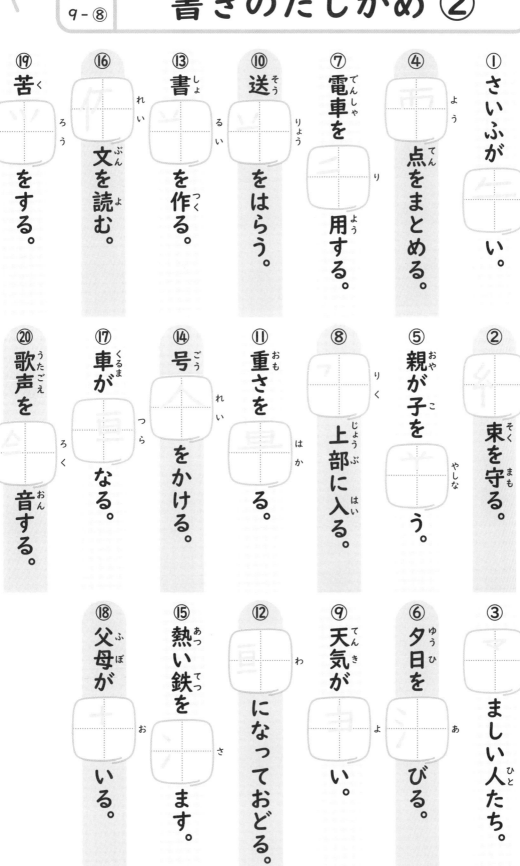

漢字
9-⑨

書きのたしかめ ③

次の文を読んで、□にあてはまる漢字を頭の中で思いうかべてから書きましょう。

① さいふが□《な》い。

② □《やく》束《そく》を守《まも》る。

③ □《いさ》ましい人《ひと》たち。

④ □《よう》点《てん》をまとめる。

⑤ 親《おや》が子《こ》を□《やしな》う。

⑥ 夕日《ゆうひ》を□《あ》びる。

⑦ 電車《でんしゃ》を□《り》用《よう》する。

⑧ □《りく》上部《じょうぶ》に入《はい》る。

⑨ 天気《てんき》が□《よ》い。

⑩ 送《そう》□《りょう》をはらう。

⑪ 重《おも》さを□《はか》る。

⑫ □《わ》になっておどる。

⑬ 書《しょ》□《るい》を作《つく》る。

⑭ 号《ごう》□《れい》をかける。

⑮ 熱《あつ》い鉄《てつ》を□《さ》ます。

⑯ □《れい》文《ぶん》を読《よ》む。

⑰ 車《くるま》が□《つら》なる。

⑱ 父母《ふぼ》が□《お》いる。

⑲ 苦《く》□《ろう》をする。

⑳ 歌声《うたごえ》を□《ろく》音《おん》する。

漢字　9-⑩

正しい漢字みつけ！　③

次の漢字は何画か書きたされた、まちがい漢字です。正しい部分のみをなぞって、漢字を見つけましょう。

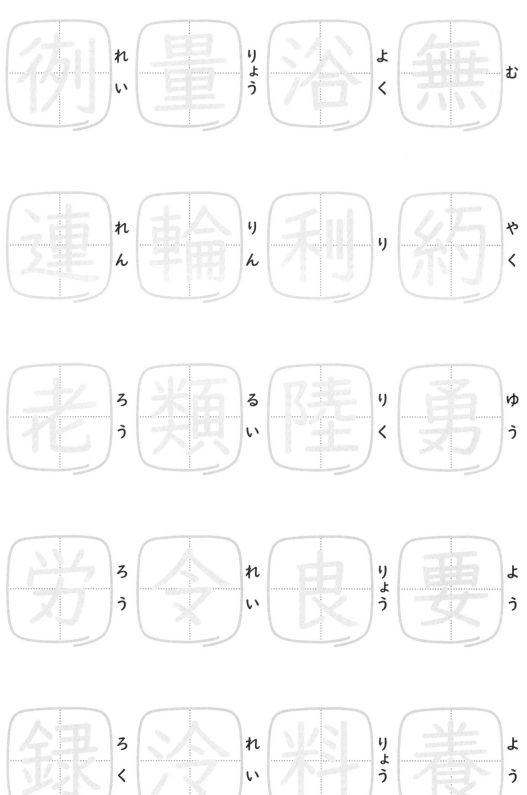

無《む》　約《やく》　勇《ゆう》　要《よう》　養《よう》

浴《よく》　利《り》　陸《りく》　良《りょう》　料《りょう》

量《りょう》　輪《りん》　類《るい》　令《れい》　冷《れい》

例《れい》　連《れん》　老《ろう》　労《ろう》　録《ろく》

漢字 10-①

府・富・栃・茨

手本の漢字を指でなぞります。□には漢字を頭の中で思いうかべてから書きましょう。

府

音 フ
訓 ―

せい□《ふ》

大阪《おおさか》□《ふ》

都道《とどう》□《ふ》県《けん》。

栃

音 ―
訓 ※とち

□《とち》木《ぎ》

□《とち》もち

□《とち》木《ぎ》県《けん》の名産《めいさん》。

富

音 フ
訓 と-む
とみ

□《ふ》じ山《さん》

□《と》山《やま》

変化《へんか》に□《と》む。

茨

音 ―
訓 ※いばら

□《いばら》城《き》

□《いばら》の道《みち》

大阪府《おおさかふ》□《いばら》木《き》市《し》。

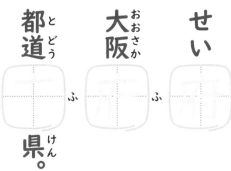

漢字 10-②

埼・奈・潟・梨

手本の漢字を指でなぞります。□には漢字を頭の中で思いうかべてから書きましょう。

埼

音 —
訓 ※さい

［埼］《さい》玉《たま》

［埼］《さい》京線《きょうせん》

［埼］《さい》玉《たま》の大学《だいがく》。

奈

音 ナ
訓 —

［奈］《な》良《ら》

神《か》［奈］《な》川県《がわけん》

［奈］《な》落《らく》の底《そこ》。

潟

音 —
訓 かた

新《にい》［潟］《がた》

ひ［潟］《がた》

新《にい》［潟］《がた》の米《こめ》をたく。

梨

音 —
訓 なし

山《やま》［梨］《なし》

［梨］《なし》の実《み》

［梨］《なし》を食《た》べる。

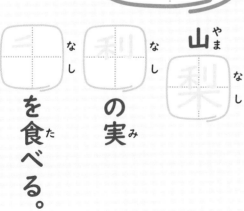

漢字 10-③

岡・井・岐・阜・滋

□手本の漢字を指でなぞります。□には漢字を頭の中で思いうかべてから書きましょう。

岡

音 ―
訓 おか

岡《おか》山《やま》

福《ふく》岡《おか》

愛《あい》知《ち》県《けん》岡《おか》崎《ざき》平《へい》野《や》。

井

音 (セイ)
訓 い

福《ふく》井《い》

井《い》戸《ど》

井《い》の中《なか》のかわず。

岐

音 (キ)
訓 ―

岐《き》

岐《ぎ》阜《ふ》

岐《ぎ》阜《ふ》市《し》

阜

音 ※フ
訓 ―

阜《ふ》

岐《ぎ》阜《ふ》

岐《ぎ》阜《ふ》県《けん》

滋

音 ※ジ
訓 ―

滋《じ》

滋《し》賀《が》

滋《し》賀《が》山《やま》

阪・香・媛・佐

□ 手本の漢字を指でなぞります。

□ には漢字を頭の中で思いうかべてから書きましょう。

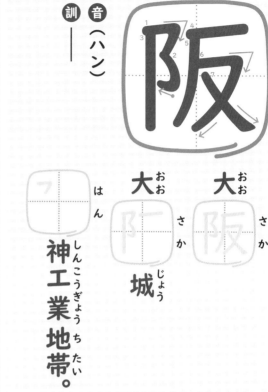

阪

音 (ハン)
訓 —

大《おお》阪《さか》

大《おお》□《さか》城《じょう》

□《はん》神《しん》工《こう》業《ぎょう》地《ち》帯《たい》。

香

音 (コウ)
訓 か
かお-り
かお-る

香《か》川《がわ》

□《かお》り

梅《うめ》が□《かお》る。

媛

音 (エン)
訓 —

愛《え》媛《ひめ》

愛《え》□《ひめ》みかん

愛《え》□《ひめ》県《けん》松《まつ》山《やま》市《し》。

佐

音 サ
訓 —

佐《さ》賀《が》

ほ□《さ》

高《こう》知《ち》県《けん》土《と》□《さ》市《し》。

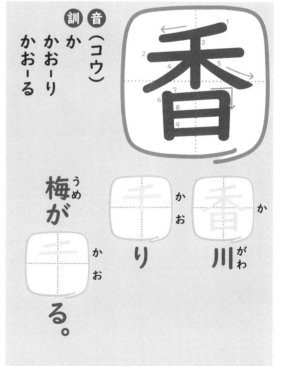

漢字 10-⑤

崎・熊・鹿・沖・縄

■手本の漢字を指でなぞります。
□には漢字を頭の中で思いうかべてから書きましょう。

崎

音 ―
訓 さき

長《なが》崎《さき》
宮《みや》崎《ざき》
神《か》奈《な》川《がわ》県《けん》川《かわ》崎《さき》市《し》。

熊

音 ―
訓 くま

熊《くま》本《もと》
熊《くま》手《で》
冬山《ふゆやま》に熊《くま》が出《で》る。

鹿

音 ―
訓 しか
※か

鹿《しか》
鹿《か》児島《ごしま》
鹿《しか》の角《つの》

沖

音 (チュウ)
訓 おき

沖《おき》
沖《おき》づり
沖《おき》合《あい》

縄

音 (ジョウ)
訓 なわ

縄《なわ》
縄《なわ》とび
沖《おき》縄《なわ》

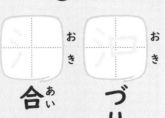

漢字 10-⑥

読みのたしかめ

■ 次の文を読んで、――を引いた漢字の読みを（　）に書きましょう。

① 府立《りつ》図《と》書館《しょかん》。（　）

② 国《くに》が富み栄《さか》える。（　）（　）

③ 栃木《ぎ》県《けん》のいちご。（　）

④ 茨城《き》のなっ豆《とう》。（　）

⑤ 埼玉《たま》の野球《やきゅう》チーム。（　）

⑥ 奈良《ら》県《けん》の大《だい》ぶつ。（　）

⑦ 新《にい》潟県《けん》のさどが島《しま》。（　）

⑧ 山《やま》梨県《けん》のぶどう。（　）

⑨ 岡山《やま》県《けん》の白《しろ》いもも。（　）

⑩ 福《ふく》井県《けん》のカニ。（　）

⑪ 岐阜県《けん》の山《やま》。（　）

⑫ 滋賀《が》県《けん》のびわ湖《こ》。（　）

⑬ 大《おお》阪府《ふ》の古《こ》ふん群《ぐん》。（　）

⑭ 香川《がわ》県《けん》のうどん。（　）

⑮ 愛《え》媛県《けん》のいよかん。（　）

⑯ 佐賀《が》牛《ぎゅう》の肉《にく》。（　）

⑰ 長《なが》崎県《けん》の出《で》島《じま》。（　）

⑱ 熊本《もと》県《けん》のくまモン。（　）

⑲ 鹿児《ご》島《しま》県《けん》のいも。（　）

⑳ 沖縄そばの店《みせ》。（　）

漢字 10-⑦

書きのたしかめ①

次の文を読んで、□にあてはまる漢字を頭の中で思いうかべてからなぞりましょう。

① 府《ふ》立《りつ》図《と》書館《しょかん》。

④ 茨《いばら》城《き》のなっ豆《とう》。

⑦ 新《にい》潟《がた》県《けん》のさどが島《しま》。

⑩ 福《ふく》井《い》県《けん》のカニ。

⑬ 大《おお》阪《さか》府《ふ》の古《こ》ふん群《ぐん》。

⑯ 佐《さ》賀《が》牛《ぎゅう》の肉《にく》。

⑲ 鹿《か》児《ご》島《しま》県《けん》のいも。

② 国《くに》が富《と》み栄《さか》える。

⑤ 埼《さい》玉《たま》の野《や》球《きゅう》チーム。

⑧ 山《やま》梨《なし》県《けん》のぶどう。

⑪ 岐《ぎ》阜《ふ》県《けん》の山《やま》。

⑭ 香《か》川《がわ》県《けん》のうどん。

⑰ 長《なが》崎《さき》県《けん》の出島《でじま》。

⑳ 沖《おき》縄《なわ》そばの店《みせ》。

③ 栃《とち》木《ぎ》県《けん》のいちご。

⑥ 奈《な》良《ら》県《けん》の大《だい》ぶつ。

⑨ 岡《おか》山《やま》県《けん》の白《しろ》いもも。

⑫ 滋《し》賀《が》県《けん》のびわ湖《こ》。

⑮ 愛《え》媛《ひめ》県《けん》のいよかん。

⑱ 熊《くま》本《もと》県《けん》のくまモン。

書きのたしかめ②

□ 次の文を読んで、□にあてはまる漢字を頭の中で思いうかべてから書きましょう。

① □《ふ》立《りつ》図《と》書《しょ》館《かん》。

② 国《くに》が□《と》み栄《さか》える。

③ □《とち》木《ぎ》県《けん》のいちご。

④ □《いばら》城《き》のなっ豆《とう》。

⑤ □《さい》玉《たま》の野《や》球《きゅう》チーム。

⑥ □《な》良《ら》県《けん》の大《だい》ぶつ。

⑦ 新《にい》□《がた》県《けん》のさどが島《しま》。

⑧ 山《やま》□《なし》県《けん》のぶどう。

⑨ □《おか》山《やま》県《けん》の白《しろ》いもも。

⑩ 福《ふく》□《い》県《けん》のカニ。

⑪ □《ぎ》□《ふ》県《けん》の山《やま》。

⑫ □《し》賀《が》県《けん》のびわ湖《こ》。

⑬ 大《おお》□《さか》府《ふ》の古《こ》ふん群《ぐん》。

⑭ □《か》川《がわ》県《けん》のうどん。

⑮ 愛《え》□《ひめ》県《けん》のいよかん。

⑯ □《さ》賀《が》牛《ぎゅう》の肉《にく》。

⑰ 長《なが》□《さき》県《けん》の出《で》島《じま》。

⑱ □《くま》本《もと》県《けん》のくまモン。

⑲ □《か》児《ご》島《しま》県《けん》のいも。

⑳ □《おき》□《なわ》そばの店《みせ》。

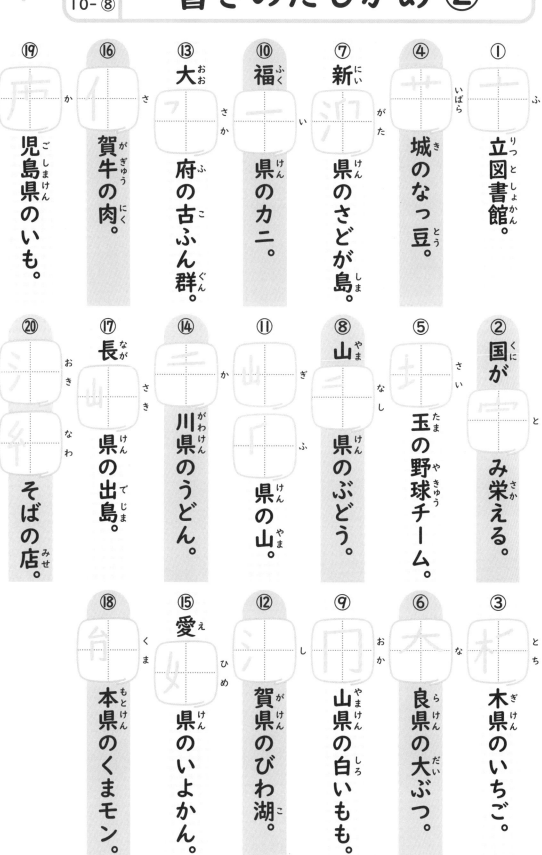

漢字 10-⑨

書きのたしかめ ③

□ 次の文を読んで、□にあてはまる漢字を頭の中で思いうかべてから書きましょう。

① □《ふ》立《りっ》図《と》書館《しょかん》。

② 国《くに》が□《と》み栄《さか》える。

③ □《とち》木《ぎ》県《けん》のいちご。

④ □《いばら》城《き》のなっ豆《とう》。

⑤ □《さい》玉《たま》の野球《やきゅう》チーム。

⑥ □《な》良《ら》県《けん》の大《だい》ぶつ。

⑦ 新《にい》□《がた》県《けん》のさどが島《しま》。

⑧ 山《やま》□《なし》県《けん》のぶどう。

⑨ □《おか》山《やま》県《けん》の白《しろ》いもも。

⑩ 福《ふく》□《い》県《けん》のカニ。

⑪ □《ぎ》□《ふ》県《けん》の山《やま》。

⑫ □《し》賀《が》県《けん》のびわ湖《こ》。

⑬ 大《おお》□《さか》府《ふ》の古《こ》ふん群《ぐん》。

⑭ □《か》川《がわ》県《けん》のうどん。

⑮ 愛《え》□《ひめ》県《けん》のいよかん。

⑯ □《さ》賀《が》牛《ぎゅう》の肉《にく》。

⑰ 長《なが》□《さき》県《けん》の出島《でじま》。

⑱ □《くま》本《もと》県《けん》のくまモン。

⑲ □《か》児島県《ごしまけん》のいも。

⑳ □《おき》□《なわ》そばの店《みせ》。

漢字 10-⑩

漢字みつけ！ ④

□ 次の図の中から、今回学習した漢字を二十二字見つけましょう。見つけた漢字はなぞりましょう。

まとめ 1-①

4年で習う漢字 ①

次の漢字を読んで、□にあてはまる漢字を頭の中で思いうかべてからなぞりましょう。

① アイ犬　愛
② アン内　案
③ イ上　以
④ イ料　衣
⑤ 地イ　くらい　位
⑥ インしょう　しるし　印
⑦ エイ語　英
⑧ エイ光　さか-える　栄
⑨ 食エン　しお　塩
⑩ 十オク　億
⑪ カ入　くわ-える　加
⑫ 結カ　は-たす　果
⑬ カ物　貨
⑭ カ題　課
⑮ 発ガ　め　芽
⑯ ガ正　賀
⑰ カイ良　あらた-める　改
⑱ 機カイ　械
⑲ ガイ虫　害
⑳ 市ガイ　まち　街
㉑ カク地　各
㉒ 自カク　おぼ-える　覚
㉓ カン全　完
㉔ 器カン　官
㉕ 土カン　くだ　管
㉖ カン心　かか-わる　関
㉗ カン光　観
㉘ ガン書　ねが-う　願
㉙ キ少　希
㉚ キ節　季
㉛ 国キ　はた　旗
㉜ キ具　器
㉝ キ会　機
㉞ ギ長　議
㉟ キュウ人　もと-める　求
㊱ （キュウ）　な-く　泣
㊲ キュウ食　給
㊳ キョ手　あ-げる　挙
㊴ ギョ業　漁
㊵ キョウ同　とも　共
㊶ キョウ力　協
㊷ キョウ台　かがみ　鏡
㊸ キョウ走　競
㊹ 北キョク　極
㊺ クン練　訓
㊻ グン手　軍
㊼ グン部　郡
㊽ グン集　む-れる　群
㊾ 半ケイ　径
㊿ 風ケイ　景

ゴール　スタート

まとめ 1-②

4年で習う漢字 ②

次の漢字を読んで、□にあてはまる漢字を頭の中で思いうかべてからなぞりましょう。

① 芸　ゲイ人
② 欠　出ケツ　か-ける
③ 結　ケツ末　むす-ぶ
④ 建　ケン国　た-てる
⑤ 健　ケン康
⑥ 験　受ケン
⑦ 固　コ体　かた-い
⑧ 功　成コウ
⑨ 好　コウ物　す-く
⑩ 候　気コウ
⑪ 康　小コウ
⑫ 差　交サ　さ-す
⑬ 菜　野サイ　な
⑭ 最　サイ高　もっと-も
⑮ 材　ザイ木
⑯ 昨　サク日
⑰ 札　サツ束　ふだ
⑱ 刷　印サツ　す-る
⑲ 察　観サツ
⑳ 参　サン加　まい-る
㉑ 産　サン業　う-む
㉒ 散　サン歩　ち-る
㉓ 残　ザン念　のこ-る
㉔ 氏　シ名
㉕ 司　シ会
㉖ 試　シ合　こころ-みる
㉗ 児　ジ童
㉘ 治　明ジ　なお-す
㉙ 辞　ジ書
㉚ 失　シッ敗　うしな-う
㉛ 借　シャク用　か-りる
㉜ 種　シュ子　たね
㉝ 周　一シュウ　まわ-り
㉞ 祝　シュク日　いわ-う
㉟ 順　筆ジュン
㊱ 初　ショ日　はじ-め
㊲ 松　ショウ竹梅　まつ
㊳ 笑　(ショウ)　わら-う
㊴ 唱　暗ショウ　とな-える
㊵ 焼　(ショウ)　や-く
㊶ 照　ショウ明　て-る
㊷ 城　ジョウ門　しろ
㊸ 臣　大ジン
㊹ 信　シン号
㊺ 成　セイ長　な-る
㊻ 省　反セイ　はぶ-く
㊼ 清　セイ書　きよ-める
㊽ 静　セイ止　しず-か
㊾ 席　出セキ
㊿ 積　面セキ　つ-む

まとめ 1-③

4年で習う漢字 ③

□ 次の漢字を読んで、□にあてはまる漢字を頭の中で思いうかべてからなぞりましょう。

① 折 右セツ お-る
② 節 セツ約 ふし
③ 説 セツ明 と-く
④ 浅 （セン） あさ-い
⑤ 戦 セン争 たたか-う
⑥ 選 セン手 えら-ぶ
⑦ 然 自ゼン
⑧ 争 競ソウ あらそ-う
⑨ 倉 ソウ庫 くら
⑩ 巣 （ソウ） す
⑪ 束 約ソク たば
⑫ 側 ソク面 右がわ
⑬ 続 連ゾク つづ-く
⑭ 卒 ソツ業
⑮ 孫 子ソン まご
⑯ 帯 熱タイ おび
⑰ 隊 兵タイ
⑱ 達 発タツ
⑲ 単 タン位
⑳ 置 配チ お-く
㉑ 仲 （チュウ） なか
㉒ 兆 チョウ候
㉓ 低 最テイ ひく-い
㉔ 底 テイ辺 そこ
㉕ 的 目テキ まと
㉖ 典 辞テン
㉗ 伝 デン記 つた-わる
㉘ 徒 ト歩
㉙ 努 ド力 つと-める
㉚ 灯 電トウ
㉛ 働 労ドウ はたら-く
㉜ 特 トク別
㉝ 徳 道トク
㉞ 熱 ネツ意 あつ-い
㉟ 念 記ネン
㊱ 敗 勝ハイ やぶ-れる
㊲ 梅 バイ林 うめ
㊳ 博 ハク学
㊴ 飯 赤ハン めし
㊵ 飛 ヒ散 と-ぶ
㊶ 必 ヒツ要 かなら-ず
㊷ 票 投ヒョウ
㊸ 標 目ヒョウ
㊹ 不 フ安
㊺ 夫 フ人 おっと
㊻ 付 フ近 つ-く
㊼ 副 フク業
㊽ 兵 ヘイ士
㊾ 別 特ベツ わか-れる
㊿ 辺 ヘン あた-り

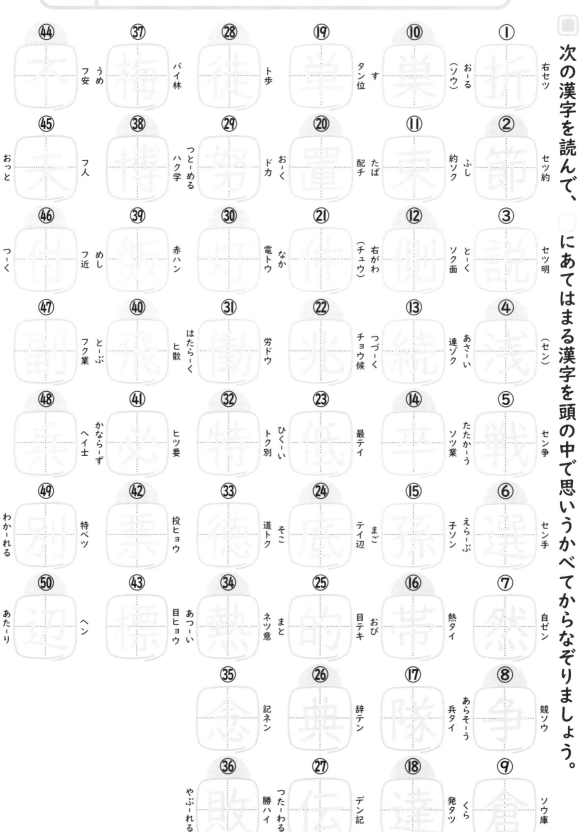

ゴール　スタート

まとめ 1-④

4年で習う漢字 ④

次の漢字を読んで、□にあてはまる漢字を頭の中で思いうかべてからなぞりましょう。

① 変　ヘン色　か-わる
② 便　ベン利　たよ-り
③ 包　ホウ帯　つつ-む
④ 法　方ホウ
⑤ 望　希ボウ　のぞ-む
⑥ 牧　ボク場
⑦ 末　年マツ　すえ
⑧ 満　マン足　み-ちる
⑨ 未　ミ来

⑩ 民　ミン家
⑪ 無　ム理　な-い
⑫ 約　予ヤク
⑬ 勇　ユウ気　いさ-む
⑭ 要　ヨウ点　かなめ
⑮ 養　ヨウ分　やしな-う
⑯ 浴　入ヨク　あ-びる
⑰ 利　リ用
⑱ 陸　リク上

⑲ 良　リョウ心　よ-い
⑳ 料　リョウ金
㉑ 量　大リョウ　はか-る
㉒ 輪　車リン　わ
㉓ 類　人ルイ　たぐ-い
㉔ 令　レイ和
㉕ 冷　レイ静　つめ-たい
㉖ 例　レイ外　たと-える
㉗ 連　レン続　つら-なる

㉘ 老　ロウ人　お-いる
㉙ 労　苦ロウ
㉚ 録　ロク音
㉛ 府　せいフ
㉜ 富　フじ山　と-む
㉝ 栃　とち木
㉞ 茨　いばら城
㉟ 埼　さい玉
㊱ 奈　ナ良

㊲ 潟　新がた
㊳ 梨　山なし
㊴ 岡　おか山
㊵ 井　福イ
㊶ 岐　ギ阜
㊷ 阜　岐フ
㊸ 滋　シ賀
㊹ 阪　(ハン)　大さか

㊺ 香　(コウ)　か川
㊻ 媛　(エン)　愛ひめ
㊼ 佐　サ賀
㊽ 崎　長さき
㊾ 熊　くま本
㊿ 鹿　か児島
51 沖　(チュウ)　おき縄
52 縄　(ジョウ)　沖なわ

まとめ 2-①

4年で習う漢字 ⑤

次の漢字を読んで、□にあてはまる漢字を頭の中で思いうかべてから書きましょう。

① アイ犬
② アン内
③ イ上
④ イ料
⑤ 地イ / くらい
⑥ インしょう / しるし
⑦ エイ語
⑧ エイ光 / さか-える
⑨ 食エン / しお
⑩ 十オク
⑪ カ入 / くわ-える
⑫ 結カ / は-たす
⑬ カ物
⑭ カ題
⑮ 発ガ / め
⑯ ガ正
⑰ カイ良 / あらた-める
⑱ 機カイ
⑲ ガイ虫
⑳ 市ガイ / まち
㉑ カク地
㉒ 自カク / おぼ-える
㉓ カン全
㉔ 器カン
㉕ 土カン / くだ
㉖ カン心 / かか-わる
㉗ カン光
㉘ ガン書 / ねが-う
㉙ キ少
㉚ キ節
㉛ 国キ / はた
㉜ キ具
㉝ キ会
㉞ ギ長
㉟ キュウ人 / もと-める
㊱ (キュウ) / な-く
㊲ キュウ食
㊳ キョ手 / あ-げる
㊴ ギョ業
㊵ キョウ同 / とも
㊶ キョウ力
㊷ キョウ台 / かがみ
㊸ キョウ走
㊹ 北キョク
㊺ クン練
㊻ グン手
㊼ グン部
㊽ グン集 / む-れる
㊾ 半ケイ
㊿ 風ケイ

まとめ 2-②

4年で習う漢字⑥

次の漢字を読んで、□にあてはまる漢字を頭の中で思いうかべてから書きましょう。

① ゲイ人
② 出ケツ　かーける
③ ケツ末　むすーぶ
④ ケン国　たーてる
⑤ ケン康
⑥ 受ケン
⑦ コ体　かたーい
⑧ 成コウ
⑨ コウ物　すーく
⑩ 気コウ
⑪ 小コウ
⑫ 交サ　さーす
⑬ 野サイ　な
⑭ サイ高　もっとーも
⑮ ザイ木
⑯ サク日
⑰ サツ束　ふだ
⑱ 印サツ　すーる
⑲ 観サツ
⑳ サン加　まいーる
㉑ サン業　うーむ
㉒ サン歩　ちーる
㉓ ザン念　のこーる
㉔ シ名
㉕ シ会
㉖ シ合　こころーみる
㉗ ジ童
㉘ 明ジ　なおーす
㉙ ジ書
㉚ シッ敗　うしなーう
㉛ シャク用　かーりる
㉜ シュ子　たね
㉝ 一シュウ　まわーり
㉞ シュク日　いわーう
㉟ 筆ジュン
㊱ ショ日　はじーめ
㊲ ショウ竹梅　まつ
㊳ （ショウ）　わらーう
㊴ 暗ショウ　となーえる
㊵ （ショウ）　やーく
㊶ ショウ明　てーる
㊷ ジョウ門　しろ
㊸ 大ジン
㊹ シン号
㊺ セイ長　なーる
㊻ 反セイ　はぶーく
㊼ セイ書　きよーめる
㊽ セイ止　しずーか
㊾ 出セキ
㊿ 面セキ　つーむ

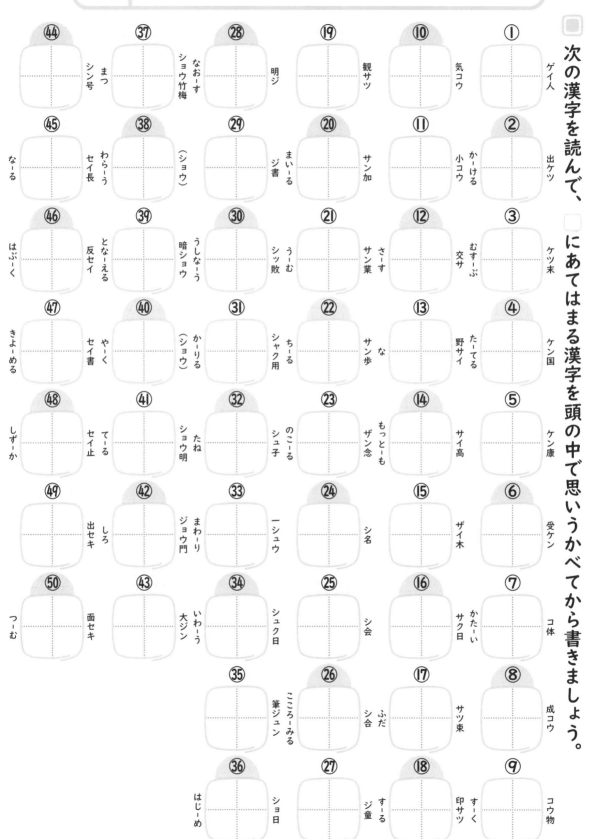

まとめ 2-③

4年で習う漢字 ⑦

□ 次の漢字を読んで、□にあてはまる漢字を頭の中で思いうかべてから書きましょう。

① 右セツ　お-る
② セツ約　ふし
③ セツ明　と-く
④ （セン）　あさ-い
⑤ セン争　たたか-う
⑥ セン手　えら-ぶ
⑦ 自ゼン
⑧ 競ソウ　あらそ-う
⑨ ソウ庫　くら
⑩ （ソウ）　す
⑪ 約ソク　たば
⑫ ソク面　右がわ
⑬ 連ゾク　つづ-く
⑭ ソツ業
⑮ 子ソン　まご
⑯ 熱タイ　おび
⑰ 兵タイ
⑱ 発タツ
⑲ タン位
⑳ 配チ　お-く
㉑ （チュウ）　なか
㉒ チョウ候
㉓ 最テイ　ひく-い
㉔ テイ辺　そこ
㉕ 目テキ　まと
㉖ 辞テン
㉗ デン記　つた-わる
㉘ ト歩
㉙ ドカ　つと-める
㉚ 電トウ
㉛ 労ドウ　はたら-く
㉜ トク別
㉝ 道トク
㉞ ネツ意　あつ-い
㉟ 記ネン
㊱ 勝ハイ　やぶ-れる
㊲ バイ林　うめ
㊳ ハク学
㊴ 赤ハン　めし
㊵ ヒ散　と-ぶ
㊶ ヒツ要　かなら-ず
㊷ 投ヒョウ
㊸ 目ヒョウ
㊹ フ安
㊺ フ人　おっと
㊻ フ近　つ-く
㊼ フク業
㊽ ヘイ士
㊾ 特ベツ　わか-れる
㊿ ヘン　あた-り

ゴール　スタート

まとめ
2-④

4年で習う漢字 ⑧

次の漢字を読んで、□にあてはまる漢字を頭の中で思いうかべてから書きましょう。

① ヘン色　かーわる
② ベン利　たよーり
③ ホウ帯　つつーむ
④ 方ホウ
⑤ 希ボウ　のぞーむ
⑥ ボク場
⑦ 年マツ　すえ
⑧ マン足　みーちる
⑨ ミ来
⑩ ミン家
⑪ ム理　なーい
⑫ 予ヤク
⑬ ユウ気　いさーむ
⑭ ヨウ点　かなめ
⑮ ヨウ分　やしなーう
⑯ 入ヨク　あーびる
⑰ リ用
⑱ リク上
⑲ リョウ心　よーい
⑳ リョウ金
㉑ 大リョウ　はかーる
㉒ 車リン　わ
㉓ 人ルイ　たぐーい
㉔ レイ和
㉕ レイ静　つめーたい
㉖ レイ外　たとーえる
㉗ レン続　つらーなる
㉘ ロウ人　おーいる
㉙ 苦ロウ
㉚ ロク音
㉛ せいフ
㉜ フじ山　とーむ
㉝ とち木
㉞ いばら城
㉟ さい玉
㊱ ナ良
㊲ 新がた
㊳ 山なし
㊴ おか山
㊵ 福イ
㊶ ギ阜
㊷ 岐フ
㊸ シ賀
㊹ (ハン)　大さか
㊺ (コウ)　か川
㊻ (エン)　愛ひめ
㊼ サ賀
㊽ 長さき
㊾ くま本
㊿ か児島
51 (チュウ)　おき縄
52 (ジョウ)　沖なわ

答え

〔P.11〕

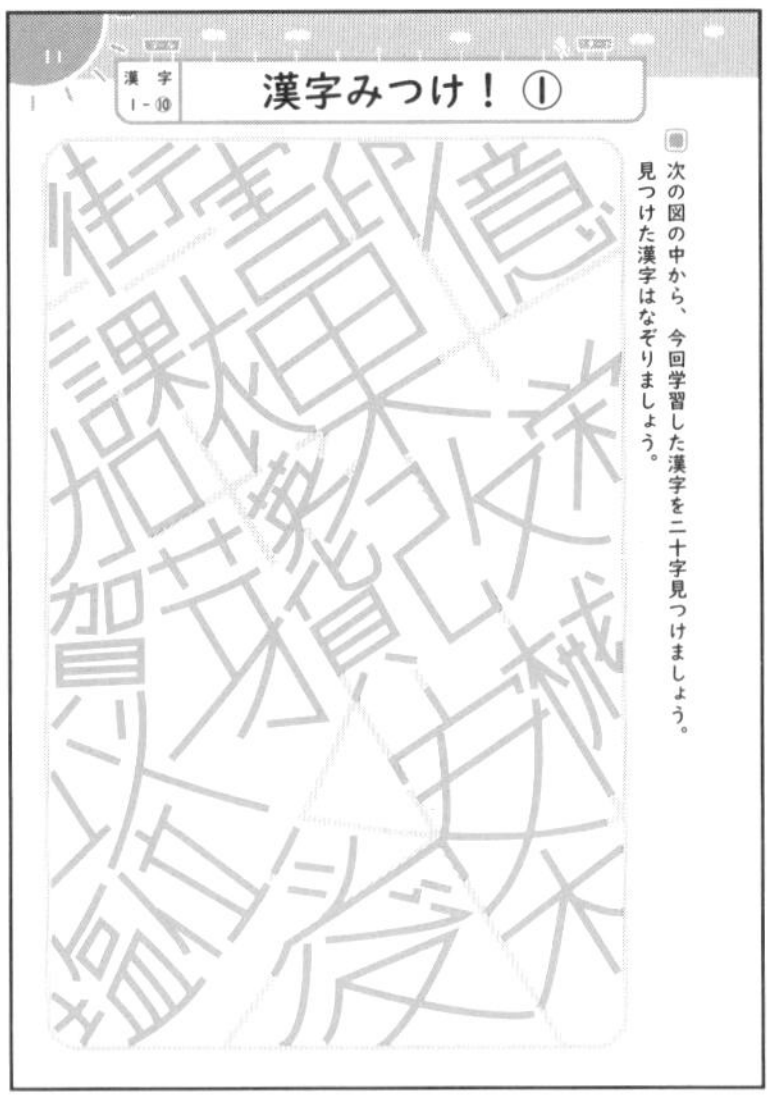
漢字 1-⑩
漢字みつけ！①
次の図の中から、今回学習した漢字を二十字見つけましょう。見つけた漢字はなぞりましょう。

〔P.21〕

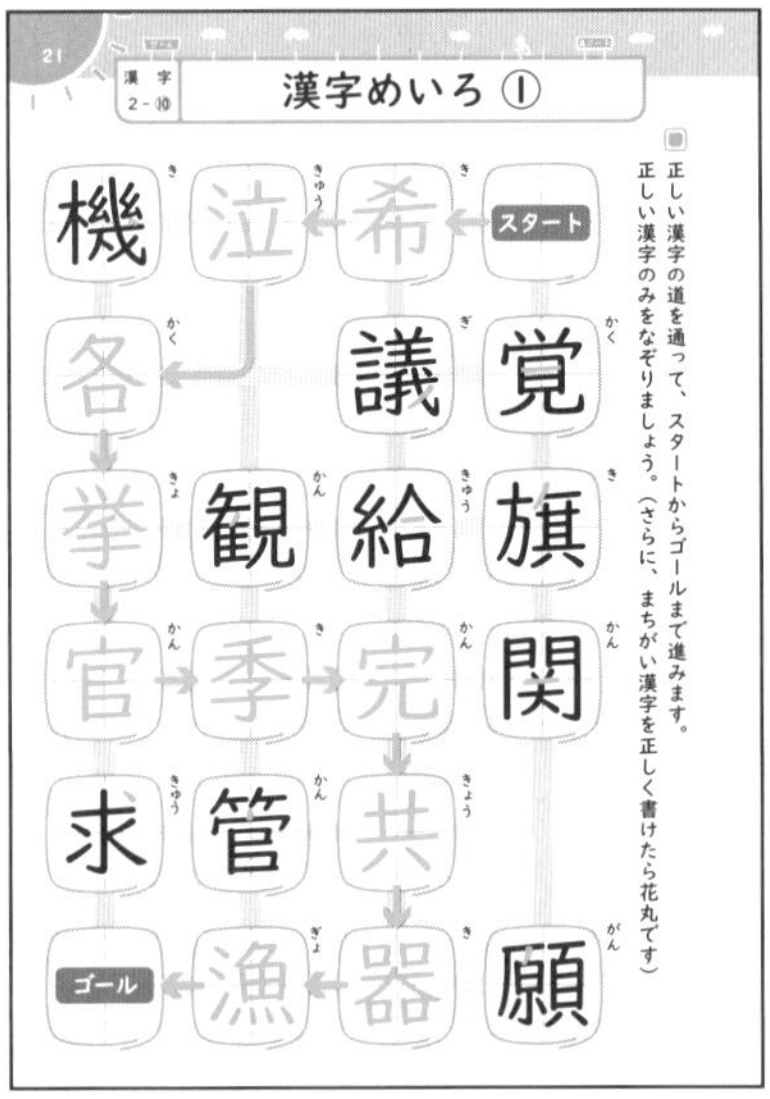
漢字 2-⑩
漢字めいろ①
正しい漢字の道を通って、スタートからゴールまで進みます。正しい漢字のみをなぞりましょう。（さらに、まちがい漢字を正しく書けたら花丸です）
スタート
ゴール

〔P.31〕

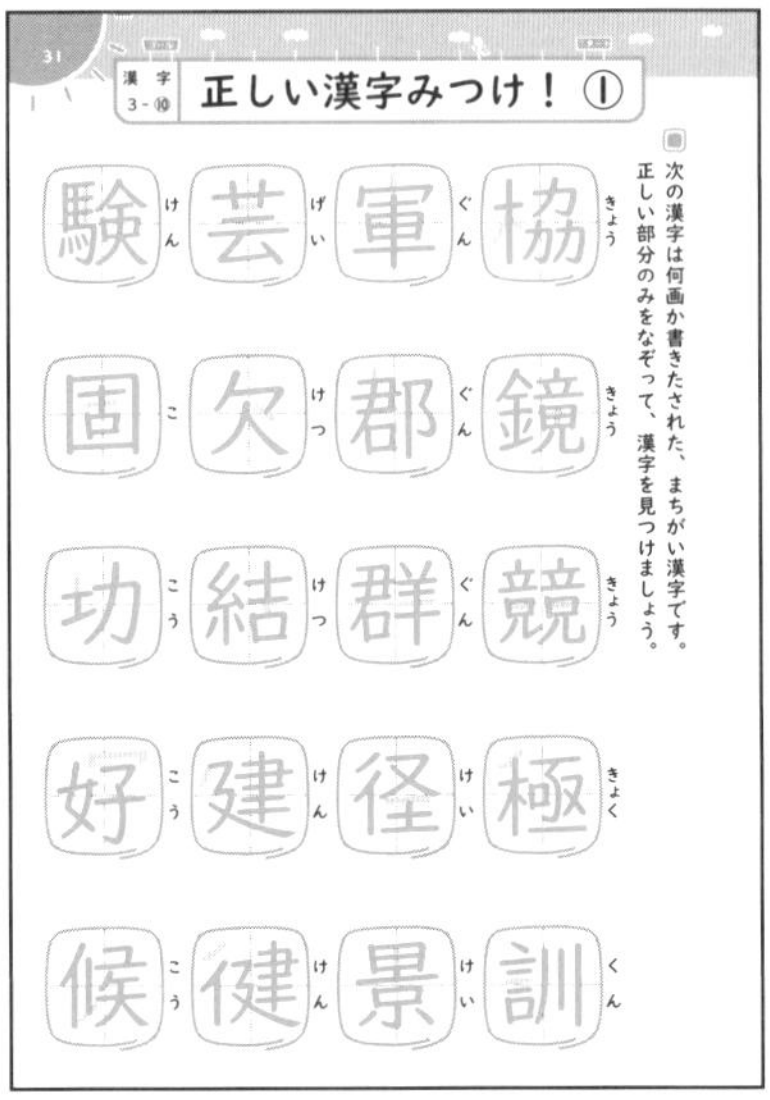
漢字 3-⑩
正しい漢字みつけ！①
次の漢字は何画か書きたされた、まちがい漢字です。正しい部分のみをなぞって、漢字を見つけましょう。

※訓・群・験・固は線の本数や向きがあっていれば正かいです。

〔P.41〕

漢字 4-⑩
漢字みつけ！②
次の図の中から、今回学習した漢字を二十字見つけましょう。見つけた漢字はなぞりましょう。

〔P.51〕

漢字 5-⑩
漢字めいろ②
正しい漢字の道を通って、スタートからゴールまで進みます。正しい漢字のみをなぞりましょう。（さらに、まちがい漢字を正しく書けたら花丸です）
スタート
ゴール

〔P.61〕

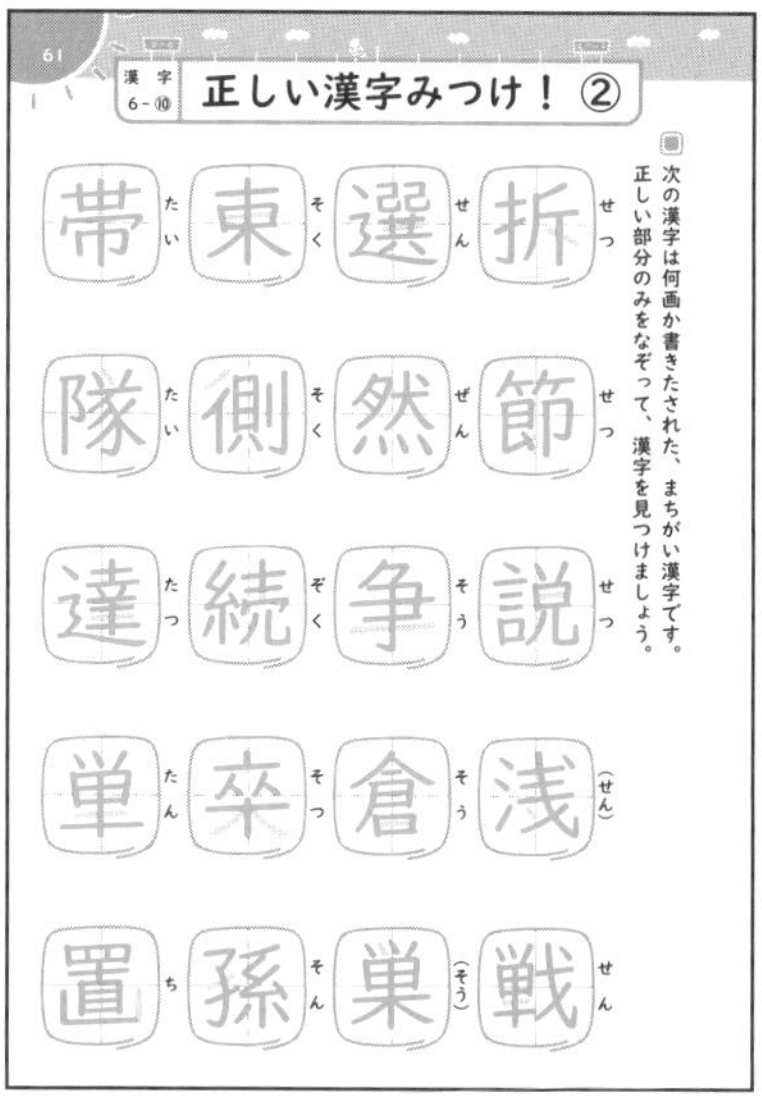

61
漢字 6-⑩
正しい漢字みつけ！②
次の漢字は何画か書きたされた、まちがい漢字です。
正しい部分のみをなぞって、漢字を見つけましょう。

※戦・選・巣・孫・隊・達・単は線の本数や向きがあっていれば正かいです。

〔P.71〕

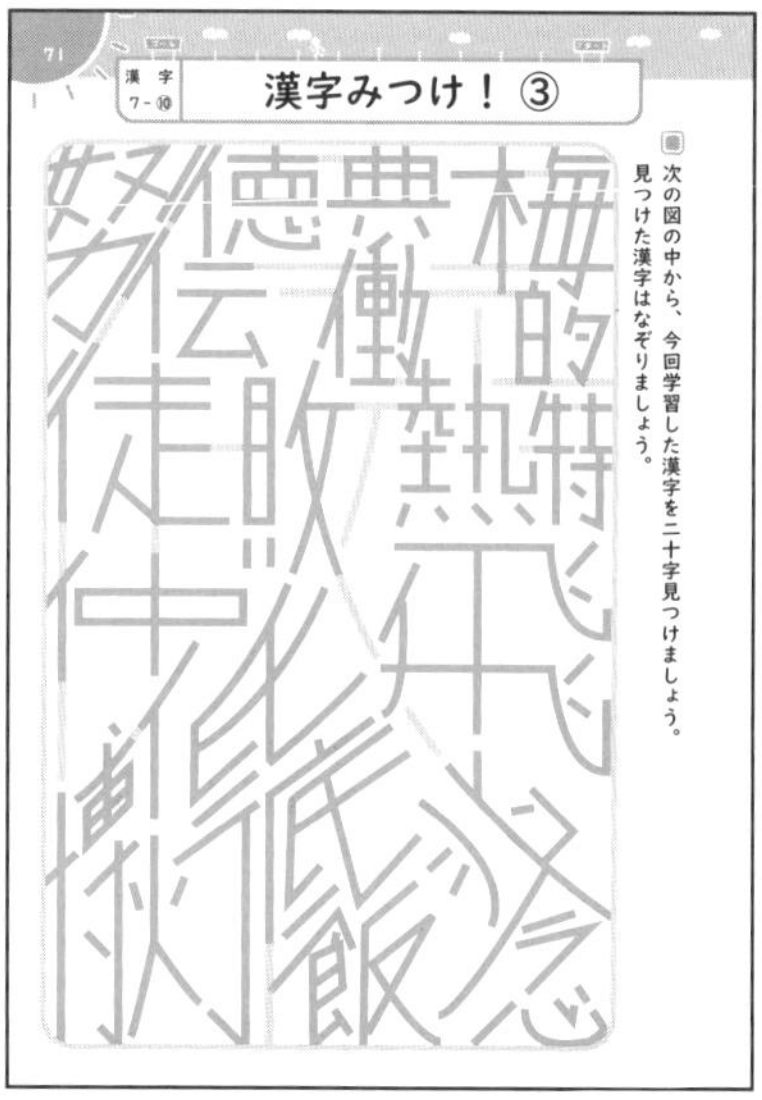

71
漢字 7-⑩
漢字みつけ！③
次の図の中から、今回学習した漢字を二十字見つけましょう。
見つけた漢字はなぞりましょう。

〔P.81〕

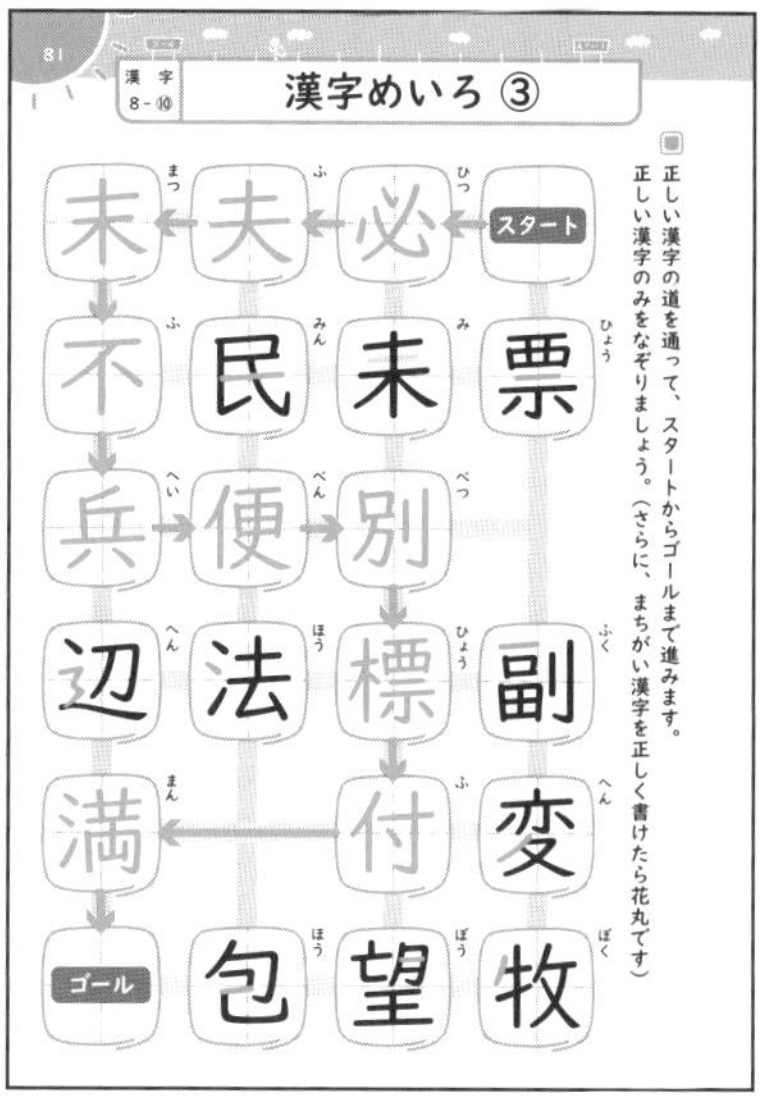

81
漢字 8-⑩
漢字めいろ③
正しい漢字の道を通って、スタートからゴールまで進みます。
正しい漢字のみをなぞりましょう。（さらに、まちがい漢字を正しく書けたら花丸です）
スタート
ゴール

※未は線の本数や向きがあっていれば正かいです。

〔P.91〕

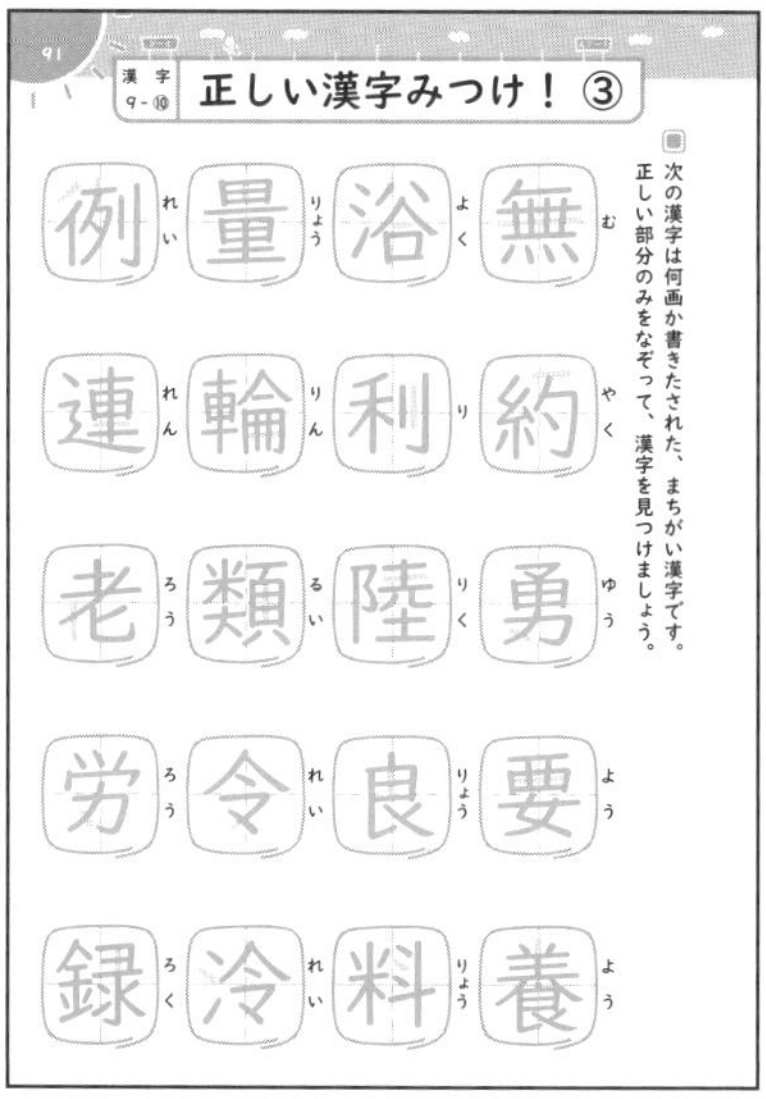

91
漢字 9-⑩
正しい漢字みつけ！③
次の漢字は何画か書きたされた、まちがい漢字です。
正しい部分のみをなぞって、漢字を見つけましょう。

※無・利・陸・料・輪・冷・連は線の本数や向きがあっていれば正かいです。

〔P.101〕

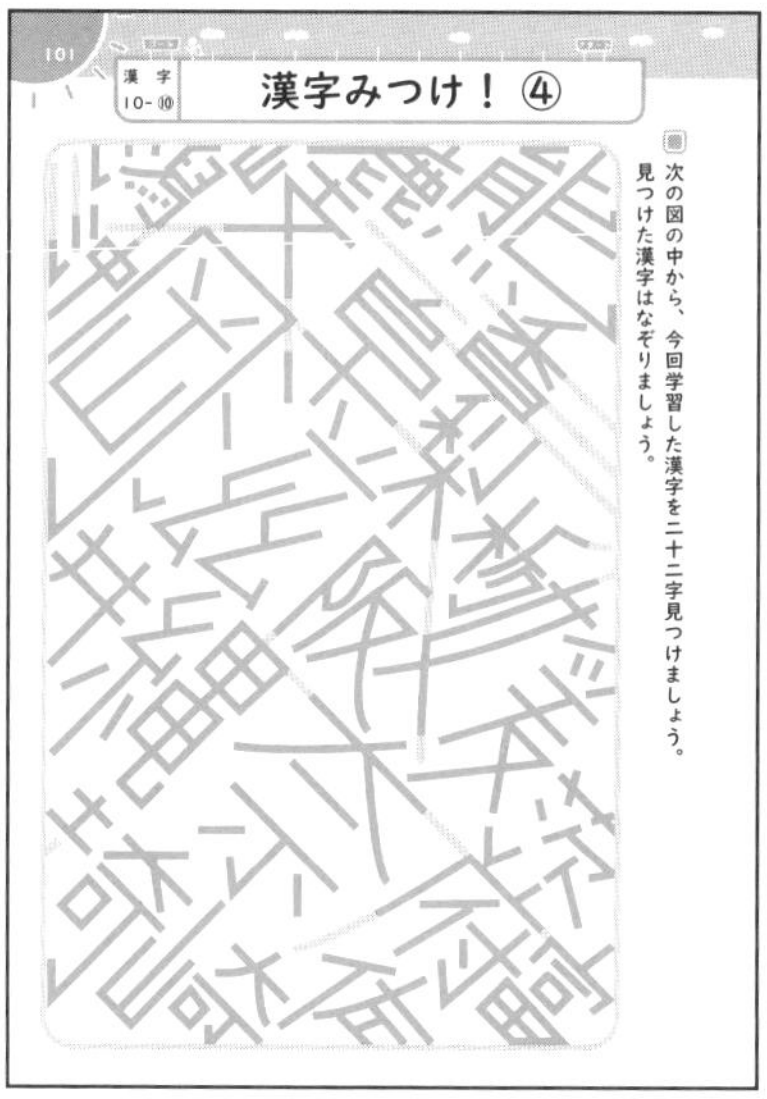

101
漢字 10-⑩
漢字みつけ！④
次の図の中から、今回学習した漢字を二十二字見つけましょう。
見つけた漢字はなぞりましょう。

いつのまにか、正しく書ける
なぞるだけ漢字 小学4年

2022年1月20日　第1刷発行
著　者　金井敬之
発行者　面屋尚志
発行所　フォーラム・A
〒530-0056　大阪市北区兎我野町15-13
TEL　06(6365)5606
FAX　06(6365)5607
振替　00970-3-127184

表　紙　畑佐　実
本　文　くまのくうた@
印　刷　尼崎印刷株式会社
製　本　株式会社高廣製本
制作編集　田邉光喜